AF346851

CONSEILS

SUR

L'ÉTUDE DU CHANT

AUTUN, IMPRIMERIES DE DEJUSSIEU ET VILLEDEY.

CONSEILS

SUR

L'ÉTUDE DU CHANT

PAR GIOVANNI DUCA

PROFESSEUR DE CHANT.

TRADUITS PAR M. J. BOYER.

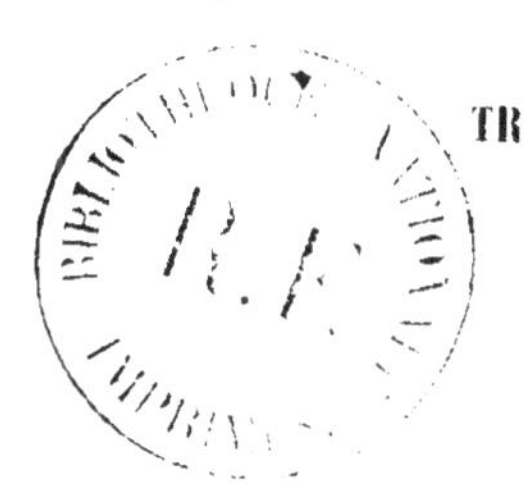

Indocti discant, et ament meminisse periti.

A PARIS

CHEZ BONOLDI FRÈRES, BOULEVART DES ITALIENS, 11.

1851

HOMMAGE DE L'AUTEUR

A M. le Comte

Jean de Moutmort.

Monsieur le Comte,

Permettez-moi de placer votre nom en tête de cet ouvrage, et de vous présenter cet humble hommage. En vous priant de l'accepter, ma pensée est moins d'acquitter que de reconnaître les obligations personnelles que j'ai envers vous. Votre bienveillant patronage sera un nouveau titre à mon reconnaissant souvenir,

Dont je vous prie, M. le Comte, d'agréer l'assurance sincère.

Votre très humble serviteur,

GIOVANNI DUCA.

PRÉFACE.

Le goût de la musique s'est répandu depuis quelques années dans toutes les classes de la société française; la science de la composition a fait des progrès immenses; néanmoins l'exécution du chant a suivi une marche rétrograde ; il est pénible de le dire, mais le nier est impossible. Tout le monde cependant désirerait posséder cet art auquel on trouve tant de charmes ; beaucoup l'étudient, mais peu réussissent. Le courage fait défaut, les moyens d'avancer manquent, les études sont insuffisantes, et l'enseignement incomplet.

Que répond le vulgaire à ces observations de l'artiste ? La France n'est pas riche en belles voix, dit-on. Cette opinion légèrement admise, injustement accréditée, a longtemps été la mienne. Je l'avoue, je suis venu en France avec cette persuasion ; mais bientôt, lorsque j'ai pu entendre et juger par moi-même, je n'ai pas tardé à revenir de l'erreur d'un jugement trop précipité.

La France n'est pas plus que toute autre nation pauvre en voix distinguées. Si vous n'y rencontrez pas un grand nombre de ces voix hors ligne, et remarquablement belles, dont la nature est partout avare, vous y trouvez beaucoup de voix gracieuses, qui, assouplies par l'étude, et développées par une bonne méthode, seront partout recherchées, partout applaudies avec ardeur.

Mais les études sérieuses manquent, on voudrait apprendre sans efforts! La patience fit acquérir à Démosthènes l'organe puissant du grand orateur, l'étude vainquit la nature; de même la perfection du chant n'est pas le privilège de quelques organisations d'élite. Une voix d'une étendue suffisante, du travail, du cœur et une bonne méthode : voilà ce qu'il faut pour réussir.

Sans doute l'étude seule ne fera de vous un Rubini, de vous une Malibran : la nature a toujours ses favoris. Mais à côté de ces illustrations, il y a encore place pour quelque gloire. Suivez la route qu'ont ouverte ces artistes éminents, imitez leurs efforts ; cultivez avec constance les moyens que vous tenez de la nature, et le succés couronnera votre zèle !

Le malheur est qu'au lieu de suivre la route tracée par les grands maîtres, on s'en écarte chaque jour davantage. Il règne dans l'étude de la musique vocale, une espèce de désordre qui la fait aller en dépérissant, à mesure qu'elle se répand. insensiblement on s'éloigne des vrais principes, on ne trouve presque plus ni école ni méthode ; les bonnes traditions se perdent, l'enseignement se corrompt ; loin

de se corriger, les défauts se multiplient
et s'enracinent. Si cette décadence ne
s'arrête, que deviendra l'art?

Cette désolante perspective est bien
propre à attrister un esprit jaloux de lui
voir conserver sa splendeur et sa pureté.

C'est dans le but d'y contribuer de mes
faibles forces que je me suis déterminé à
publier ce petit écrit. Qu'on n'y voie ni
prétentions ni système. Ce n'est ni une
méthode, ni un ouvrage didactique. Ce
sont de simples observations, des conseils
pour signaler à ceux qui cultivent la musique vocale, les principales règles à observer, les défauts et les écueils à éviter.
Heureux d'avoir reçu les préceptes d'une
bonne école, je désire les transmettre à
ceux qui n'ont pas les mêmes ressources.
Les chanteurs formés n'en ont pas besoin;

ils n'y trouveraient que le résumé de ce qu'ils ont appris. Cet écrit ne s'adresse pas précisément aux artistes habiles, ni aux grandes villes qui les possèdent. Ces centres ont des maîtres capables, des conservatoires, des théâtres où se trouvent de préférence les artistes de talent. Il est plutôt destiné aux petites villes de province qui, privées de ces ressources, n'ont ni préceptes ni modèles. C'est là surtout que manque l'enseignement, et que l'art souffre; c'est là surtout que j'ai désiré être utile.

CHAPITRE Ier

Introduction.

La voix humaine est certainement le plus
beau et le plus parfait des instruments.
Parmi tous ceux qu'a inventés l'imagina-
tion de l'homme, aucun n'est aussi simple
et d'un usage aussi facile que la voix.

Pour arriver à la création et à la perfection des instruments artificiels, il a fallu à l'homme de longs labeurs, bien des tâtonnements, bien des essais infructeux; à celui qui veut cultiver un instrument, il faut encore de longues études, plusieurs années d'arides exercices avant d'en connaître à fond le mécanisme, avant d'en posséder toutes les qualités respectives, toutes les ressources intimes. Il faut qu'il le travaille longtemps avant d'acquérir la pratique nécessaire pour exécuter un morceau de musique d'une manière satisfaisante.

La voix, au contraire, est l'instrument naturel; chacun s'en sert plus ou moins bien sans travail ni culture. Pour la mettre en jeu il suffit d'un mouvement de l'âme, d'une larme ou d'un sourire, d'un éclair de joie ou d'une ombre de tristesse. Telle quelle soit, riche ou ingrate, séduisante ou disgracieuse, pas une voix qui ne chante ; l'artisan au bruit cadencé du marteau, le marin au roulis des vagues, le laboureur au pas régulier de ses bœufs dans le sillon, la jeune fille aux battements de son cœur. Le chant est comme un mode embelli du langage. La parole simple en est pour ainsi dire la forme prosaïque, le chant la forme poétique. L'homme emploie la parole pour converser avec l'homme, l'âme se sert du chant pour s'adresser à Dieu, ou s'entretenir elle-même des pensers intimes et secrets dont elle aime à se bercer. Écho du cœur, il lui redit sa vie intérieure ; dans le passé ses souvenirs ; dans le présent, ses joies ou ses douleurs ; ses rêves, ses espérances dans l'avenir.

Aussi puis-je dire avec raison que le chant est d'une exécution bien plus naturelle et plus facile que celle d'aucun instrument. Une preuve qui me semble incontestable, c'est que beaucoup de personnes peuvent assez vite apprendre et répéter un air sans la moindre connaissance de musique, et seulement pour l'avoir entendu. Mais, certainement nul ne pourrait l'exécuter sur n'importe quel instrument, s'il y était complètement étranger.

Cependant comment se fait-il, qu'avec cette disposition naturelle que nous avons à chanter, le nombre des bons chanteurs est si inférieur à celui des bons instrumentistes? C'est une chose inconcevable; car en réalité, malgré les facilités et les avantages que nous offre le chant, on ne parvient que très rarement à chanter avec ce style pur et correct qui distingue les grands artistes, et qui constitue véritablement l'art du chant.

Je serais même tenté de croire que cette grande facilité que nous avons naturellement pour chanter plutôt que pour jouer d'un instrument, est une des causes primitives pour lesquelles il y a si peu de chanteurs capables de lire à première vue un morceau de chant, tandis que parmi les instrumentistes on en trouverait un grand nombre en état de déchiffrer un air au premier aspect et d'une manière satisfaisante. En adoptant pour le cultiver un instrument qui lui est étranger, l'instrumentiste ne se fait pas illusion; il sait qu'il ne peut pas compter sur l'aide de la nature, et il n'attend rien que du travail.

On l'initie pas à pas au mécanisme de l'instrument, il avance méthodiquement. se familiarise peu à peu avec ses difficultés, il s'étudie à les surmonter, et y parvient plus ou moins. Le chanteur, au contraire, habitué à l'usage naturel de la voix, compte davantage sur cette disposition, et se pénètre moins facilement de la nécessité de l'étude.

Ajoutons qu'on rencontre encore infiniment plus de difficultés à rendre les couleurs musicales avec les instruments qu'on n'en éprouve avec la voix, surtout si cette voix est souple, bien formée et bien conduite, et si la personne qui la possède n'est pas trop dépourvue de théorie, d'oreille et de sentiment musical. Il existe en effet une multitude de nuances, d'accents, de modulations diversement

graduées dans l'échelle infinie des *piano*
et des *forte*, dont la voix seule est susceptible. Il ne pourrait même en être autrement. La voix est l'organe naturel de
l'âme, l'interprète de la pensée ; elle lui
obéit spontanément et sans effort; elle fait
partie intégrante de l'homme, elle tient à
son être, il n'est donc pas étonnant qu'elle
traduise mieux au cœur les sentiments du
cœur, qu'elle exprime toutes les nuances
de la pensée avec plus de délicatesse et
de précision que ne peut le faire un instrument matériel et étranger à l'homme.
A quelles causes donc attribuer cette
rareté de bons chanteurs? En voici ce
me semble quelques unes des principales :

Cette pénurie tient d'abord à la rareté
de belles voix, (j'entends de ces voix re-

marquables, rares partout, et sans lesquelles il n'est guère possible à un artiste
d'arriver au premier rang). Elle tient, en
second lieu, au peu de dispositions des
personnes qui cultivent le chant; enfin
elle tient surtout à l'insuffisance des études, à l'imperfection de l'enseignement
qui est généralement trop restreint et très
incomplet. On pourrait même dire qu'il
existe à peine dans la plupart des villes de
province. On n'étudie pas le chant conformément aux bons principes, on n'y
emploie pas le temps nécessaire pour s'y
perfectionner. On poursuit cette étude
plutôt à la faveur d'une oreille plus ou
moins heureusement douée, que par l'intelligence et un travail raisonné. On apprend par imitation, mais sur ce point
comme presque en toute chose, l'imita-

tion copie plutôt les imperfections que les qualités des chanteurs renommés.

Au premier de ces défauts, il n'y a malheureusement rien à faire, parce qu'il dépend de la nature. Or, cette grande distributrice est rarement assez généreuse pour accorder à un même sujet tous les dons qui concourent à former un chanteur accompli. En effet, parmi les personnes qui se livrent à l'étude du chant, il s'en trouve assez fréquemment qui possèdent une très belle voix, mais à qui manquent les moyens de la faire valoir. C'est comme un magnifique instrument entre des mains incapables de l'animer. L'oreille est frappée par l'ampleur, la richesse et la beauté des sons; mais rien qui remue l'âme, rien qui parle au cœur dans leur psalmodie sans vie ni couleur.

sans goût ni expression. On n'éprouve ni plaisir ni émotion à les entendre; ils récitent avec tant d'indolence qu'ils laissent leur auditoire aussi froid qu'ils sont eux-mêmes.

CHAPITRE II.

Conseils au maître pour les premières leçons.

Quant à la seconde cause, le remède est plus facile. Le maître ne peut pas donner la voix que la nature a refusée, ni rendre harmonieuses celles qu'elle a créées anti-musicales; mais il peut du moins empêcher que l'art et les auditeurs n'en souffrent. Pour peu qu'il ait d'expérience, il a bientôt jugé de la valeur d'une voix. Or. quand il a découvert dans un élève une voix ingrate et mauvaise, une oreille dure ou fausse, de la difficulté pour l'intonation, de l'antipathie pour le rythme, il doit en conscience lui conseiller de renoncer au chant, parce qu'il n'arrivera jamais à bien chanter. Entretenir une trompeuse illusion par faiblesse ou défaut de franchise, c'est encourir la responsabilité d'une perte fâcheuse de temps et d'argent; c'est assumer sur sa tête la meilleure part des regrets et des déboires qu'éprouvera plus tard son élève.

Trouve-t-il, au contraire, d'heureuses dispositions, de la justesse dans l'oreille, de l'agrément dans la voix, qu'il com-

mence par examiner avec soin quel est le
caractère de cette voix, de combien de
cordes ou notes elle est composée, si c'est
un soprane, un mezzo-soprane, un con-
tralte, un ténor, un baryton ou une basse-
taille. Une fois fixé sur ce point, qu'il en
dirige l'étude dans son étendue naturelle,
en s'imposant pour règle invariable de
ne pas l'en laisser sortir. Ce n'est pas que
par le travail et l'exercice une voix ne
puisse s'enrichir de quelques notes, soit
au grave, soit à l'aigu; mais au lieu de
gagner on ne saurait que perdre en for-
çant la voix dans un diapazon hors de sa
portée. Que de fois ne m'a-t-il pas fallu
gémir, forcé d'entendre chanter tout-à-fait
en dehors de leurs moyens naturels, des
contraltes chanter des morceaux destinés
aux mezzo-sopranes, ceux-ci en chanter

d'autres faits pour les sopranes, et réci-
proquement? Or qu'arrive-t-il en pareil
cas? C'est que le chanteur, ainsi obligé de
forcer sa voix, chante faux la plupart du
temps; et encore pour cela fait-il de péni-
bles efforts qui ne tendraient à rien moins
qu'à déterminer de graves maladies de
poitrine, ou qui du moins auraient pour
effet inévitable de ruiner la voix en peu
de temps.

Le chant est la parole modulée; comme
elle il doit être naturel et sans effort. Il
exprime plus vivement qu'elle, il est vrai,
les passions de l'âme et du cœur; mais
ces sentiments que suggère la nature, ne
doivent pas être exprimés d'une manière
qui la blesse. Quelle que soit l'exaltation
du sentiment, ou la violence de la passion,
ce ne saurait être une raison de sortir de

la vérité et de la juste expression de la pensée.

Si quelque surprise vous inflige la peine d'entendre un pareil chanteur, plaignez-le, mais ne l'accusez pas seul. La plus grande part de la faute revient aux maîtres incapables qui l'ont induit en mauvaise voie, faute des connaissances nécessaires, et d'une des plus essentielles surtout, celle de savoir reconnaître le caractère de la voix d'un élève, et la cultiver dans son étendue naturelle.

CHAPITRE III.

𝕸𝖎𝖘𝖊 𝖉𝖊 𝖛𝖔𝖎𝖝.

Lorsque le maître aura reconnu de quelle espèce est la voix d'un élève, il commencera par le faire chanter sur les notes les plus naturelles et les plus commodes à sa voix, c'est-à-dire dans la partie moyenne de son étendue, car les sons extrêmes, soit graves, soit aigus surtout, présentent généralement plus de difficultés, et à plus forte raison dans les commencements.

Les premières leçons consisteront donc à faire filer des sons dans tous les tons que comporte la voix, sans la forcer. Cette pratique de filer les sons a été introduite en France par les maîtres italiens qui l'appellent : *Messa di voce*. L'expression a été adoptée de même sous le nom de *Mise de voix*, ce qui veut dire : émission prolongée des sons.

De tous les exercices du chant, la Mise de voix est le plus difficile à perfectionner. Bien des chanteurs peuvent parvenir au bout d'un certain temps d'étude à chanter un morceau d'une manière satisfaisante,

quoiqu'ils ne soient pas capables d'exécuter la Mise de voix telle qu'elle doit être
faite. Cet exercice est le plus propre à
former la voix, à l'arrondir, à la développer, à l'affermir. C'est par ce même exercice qu'on parvient à corriger les défauts
de la voix, et les vices naturels des organes dont elle est formée.

Voici comment se pratique la Mise de
voix : il faut attaquer chaque son d'une
voix douce, mais assurée ; soutenir la voix
sur cette note en renforçant graduelle-
ment le son jusqu'à lui donner sa plus
grande force, puis revenir par un decres-
cendo insensible au degré d'où l'on est
parti. Le son doit s'éteindre insensiblement sans remuer ni la langue ni la bouche, et sans donner en expirant la moindre secousse à la poitrine. On reprend

haleine entre chaque son, dont on peut
augmenter la durée à mesure que la respiration acquiert plus d'ampleur. Pour
une voix ordinaire, le son filé doit durer
de quinze à vingt secondes.

« Cette modification du faible au fort,
» et vice versâ, ne se pratique pas seule-
» ment sur une seule note, on l'emploie
» aussi avec avantage sur plusieurs notes
» et sur des passages entiers qui contien-
» nent quelquefois un très grand nombre
» de notes entre lesquelles on ne doit pas
» faire sentir d'interruption. »

(Auguste PANSERON, Méthode de Vocalisation.)

La Mise de voix doit être pratiquée tous
les jours, sans excès, bien entendu, pour
ne pas fatiguer la poitrine et compromettre la voix dès le début. Cet exercice est
indispensable aux élèves pour assouplir la

voix, pour lui donner de l'égalité, pour acquérir une longue respiration, pour apprendre enfin à soutenir, à filer les sons. Les artistes eux-mêmes, et les plus habiles, en font pour ainsi dire leur pain quotidien ; c'est l'exercice par lequel ils préludent à tout autre. Dans l'exécution, les meilleurs chanteurs italiens ne préparent jamais un point d'orgue, une cadence finale, un trille prolongé, que par la Mise de voix. Un chanteur habile, et qui possède une bonne méthode, donnera toujours, proportion gardée, les qualités de la Mise de voix à tous les sons de la sienne ; surtout à ceux d'une longue durée.

CHAPITRE IV.

Solfège.

Lorsque l'élève sera en état d'exécuter
la Mise de voix d'une manière passable,
je ne dis pas parfaite, car, je le répète, on
n'y arrive que très tard et très difficile-
ment, il passera aux Intervalles. Je re-

commande au maître de les lui faire apprendre théoriquement, c'est-à-dire de combien de tons et demi-tons est composé chaque intervalle, car, ce n'est que par cette quantité de tons et demi-tons, qu'on en peut déterminer la nature. Qu'il l'exerce aussi à distinguer au premier coup-d'œil si l'intervalle est une tierce, un quarte, etc. Cette théorie une fois bien possédée, il la fera appliquer à la pratique; d'abord sur les intervalles les plus simples, les intervalles *majeurs et mineurs;* ensuite sur ceux qui présentent plus de difficultés, sur les intervalles *augmentés ou diminués.*

Quand l'élève aura acquis une certaine habitude des intervalles, on pourra lui faire vocaliser des gammes de l'étendue d'une octave. Ces gammes étant composées de notes de peu de durée, il faudra les faire vocaliser avec des voyelles, d'abord avec A qui est la plus sonore, ensuite avec O et E, en observant que le mouvement ne soit pas trop rapide aux premières leçons.

Certains maîtres interdisent absolument de vocaliser sur les deux autres voyelles I et U. Ils fondent cette défense sur ce que l'articulation de ces lettres contrarie la position de la bouche, sur ce qu'elles font paraître la voix défectueuse; enfin, parce qu'il serait d'un effet désagréable, et une preuve de mauvais goût, qu'un chanteur ou qu'un compositeur plaçât sur ces voyelles des traits de plus de trois ou quatre notes. Je partage pleinement leur avis pour empêcher d'employer ces lettres dans les vocalises ou dans l'étude d'une mélodie. Mais précisément parce que la prononciation de ces voyelles est difficile et disgracieuse, je crois qu'il ne serait pas mauvais de chercher à en perfectionner la prononciation, en les vocalisant sur les gammes d'une octave, afin de s'habituer à les prononcer moins mal lorsqu'elles se présenteront, puisqu'on ne saurait les éviter entièrement. Mais j'ajoute toujours pour condition expresse, de les vocaliser avec une extrême douceur; car ces voyelles, par leur nature, ne comportent pas de sons forts et éclatants.

L'élève arrivé à bien exécuter ces gammes, fera encore quelques exercices avant de passer au Solfège. Je sais que chaque maître a ses exercices de préférence qu'il adapte à la voix, à la force de l'élève; j'engagerai néanmoins les professeurs de chant, et ceux qui l'étudient, à faire choix des études de vocalisation que M. Bonoldi a publiées dans ce but. Je les ai adoptées et je n'ai à en constater que d'heureux résultats. Du reste, le nom de M. Bonoldi est une recommandation suffisante. Tous les maîtres de chant savent qu'il occupe un des premiers rangs parmi ceux de la capitale, soit comme savant compositeur, soit comme bon et sévère professeur. Pour mon compte, j'ai eu quelques occasions de donner des leçons à des personnes qui en avaient reçu de lui, et j'ai eu le plaisir de n'avoir qu'à les engager et à les aider à suivre la route que ce maître capable leur avait tracée.

Je trouve excellente l'idée qu'il a eue de réunir en six tableaux tous les exerci-

ces nécessaires pour développer la voix ;
car ce n'est pas la quantité d'exercices qui
fait avancer plus vite, comme le prétendent certains maîtres ; on gagne plus à
en faire peu, mais à les bien exécuter. Ces
tableaux ont encore un autre mérite; c'est
que l'élève peut les travailler seul, même
avec peu de connaissance du piano, vu
qu'ils n'ont pour accompagnement qu'un
simple accord à la portée de tout le monde ; car, un obstacle qui pour beaucoup
d'élèves allonge l'étude du chant et en
retarde les progrès, c'est qu'ils ne peuvent
pas s'accompagner et travailler seuls.
C'est pourquoi avant de commencer la
musique vocale, on devrait toujours savoir, ou du moins apprendre, assez de
piano pour se suffire.

Après la mise de voix, les gammes et

les exercices dont je viens de parler, arrive le Solfège. Le maître fera lui-même les premières études, en s'attachant à les composer de notes à longue durée, et dans un mouvement large ; qu'il cherche une mélodie facile et conçue de manière à ce qu'elle domine sur les sons les plus faibles de la voix. Il ne doit jamais laisser quitter une étude pour passer à une autre, avant qu'elle ne soit sue parfaitement. et exécutée aussi bien que l'élève en est capable. A mon avis, c'est une mauvaise manière, dans les commencements surtout, que de parcourir beaucoup de choses, et de les voir à la légère, sous prétexte de s'habituer à la lecture ; c'est le plus sûr moyen de ne rien apprendre.

Je conviens qu'il faut un certain temps pour s'appesantir ainsi minutieusement sur les premières études; l'œil, il est vrai, ne s'habitue pas aussi vite à la lecture musicale; mais voici un moyen plus sûr et plus prompt que tout autre d'acquérir cette habitude : que l'élève emploie chaque jour deux heures à déchiffrer de la musique, sans chanter, en nommant les notes sur le même ton, et en battant la mesure d'abord lentement, puis avec augmentation de vitesse. Toute musique est bonne à cette étude; il faut seulement observer de suivre en cela, comme en toute chose, une marche rationnelle, c'est-à-dire de choisir, pour commencer, de la musique facile, et d'en donner ensuite qui présente progressivement plus de difficultés. Quiconque aura pratiqué scrupuleusement cette étude pendant un an, ne tardera pas à être familiarisé avec la lecture, et à déchiffrer sans hésitation n'importe quelle musique, attendu qu'il n'aura plus qu'à appliquer l'intonation des intervalles; et la voix ne sera pas fatiguée.

J'approuve le système adopté en France d'avoir fondu toutes les anciennes clefs dans une seule. Je ne parle pas de la clef de fa, dont la connaissance est indispensable, ne fût-ce que pour les accompagnements. Cette simplification a donné une grande facilité à l'étude du chant. J'engagerai pourtant le maître à faire solfier de temps en temps sur les deux principales clefs d'ut, c'est-à-dire celle en première ligne, pour soprane, et celle en quatrième ligne pour ténor, qui sont les clefs primitives de ces voix. Cette connaissance sera plus tard utile aux élèves pour comprendre les partitions italiennes, s'ils en rencontrent; car le système adopté en France n'a pas encore détruit en Italie l'usage des anciennes clefs.

Par ce moyen l'élève peut, comme on le voit, se former seul, et devenir bon musicien, quant à la lecture et à l'exécution matérielle, j'entends ; et il y a double avantage, car pendant ce temps, le maître n'ayant qu'à s'occuper du soin de former la voix, le fera avec plus de fruit.

Que le maître se garde de jamais indiquer à ses élèves l'intonation des intervalles, soit avec la voix, soit avec l'instrument dont il accompagne. Il faut laisser cette déplorable manière à ceux qui s'occupent de l'éducation des oiseaux. Le maître de chant doit amener ses élèves à trouver d'eux-mêmes l'intonation, par le moyen de la gamme et des intervalles comme je l'ai indiqué.

Par cette méthode, ils acquerront du chant une science approfondie et conforme aux bons principes professés dans les conservatoires, et non pas une pratique machinale obtenue presque uniquement au moyen de l'oreille. C'est une chose bien différente de chanter de temps à autre avec son élève quelques notes, quelques courts passages pour le soutenir dans l'intonation, ou de lui seriner chaque son ; de même qu'il y a loin entre exécuter sèchement les notes telles qu'elles sont écrites, et chanter avec grâce et avec goût. Or, comme sur ce point les conseils sont insuffisants, et que l'exemple est encore plus essentiel, il est bon que le maître indique en chantant lui-même, l'expression qui convient au passage, au morceau ; mais s'il donne toujours l'intonation des notes, il laissera contracter une mauvaise habitude qui deviendra funeste : car l'élève, une fois privé de cet appui, ne sera plus capable de chanter juste le moindre passage.

Ce jugement pourra paraître sévère, et peut-être exagéré ; mais il n'est malheureusement que le résultat incontestable de mes observations et de l'expérience que j'ai acquise en professant. Aussi je plains les personnes qui, se sentant des dispositions pour le chant, voudraient en faire une étude sérieuse, et qui en seraient réduites aux leçons de cette école que j'appelle le charlatanisme de l'art. Cette plaie de la profession artistique se rencontre trop fréquemment en France, parce que

le premier individu qui peut se présenter
avec une voix de quelque agrément, n'a
besoin ni d'autorisation ni de diplôme
pour s'ériger de sa propre autorité en
professeur de chant. Il n'en est pas de
même des autres branches de l'enseignement, et celle-ci a bien sa valeur, pour
ne pas mériter qu'on l'abandonne ainsi,
sans contrôle, à la merci du premier venu.

C'est ce défaut d'organisation qui fait
que l'on voit arriver dans les villes de
province des maîtres improvisés, qui sans
connaissances musicales étendues, sans
la science approfondie de leur art, viennent, à l'aide de quelques ariettes apprises
par cœur, et d'une voix agréable et légère, se poser en professeurs de chant.
Il existe une mesure bien plus sage dans
plusieurs contrées de l'Allemagne, où le

professeur de musique ne peut prendre ce titre qu'avec un diplôme délivré par une commission compétente, et qui garantit à l'élève la capacité du maître.

CHAPITRE V.

Manière d'ouvrir la bouche.

La voix est l'organe du chant ; la bouche est comme l'instrument qui la forme,
quoiqu'elle provienne de la poitrine.
L'ouverture de la bouche est pour ainsi
dire à la voix, ce que l'embouchure est à

un instrument; c'est d'elle que dépend la précision, la pureté, l'éclat et la beauté du son. On ne saurait donc apporter trop d'attention à ce point important, puisqu'il contribue si efficacement à former la voix claire, et à rendre nette la prononciation des paroles. Cependant bien peu de chanteurs observent avec exactitude cette règle essentielle, par la négligence de leurs premiers maîtres.

En chantant, il faut garder au visage son attitude naturelle, et donner à la bouche une ouverture moyenne; car, si elle était trop ouverte, ce serait disgracieux et fatigant; si elle était trop fermée, la voix serait étouffée. Entre ces deux extrêmes, il faut adopter un milieu convenable, et la maintenir dans la position du sourire. Il est essentiel que la bouche s'ouvre horizontalement, c'est-à-dire dans sa direction naturelle. C'est la position la plus propre à ouvrir le larynx, de manière à ce que la voix s'en échappe librement, sans y rencontrer aucun obstacle qui en assourdisse la vibration. De toute autre manière, le son est complètement modifié et assourdi, il perd énormément de sa beauté et de sa limpidité.

Je crois utile de prévenir les élèves de la contradiction qu'ils pourront peut-être remarquer entre cette manière d'ouvrir la bouche, que je recommande, et une autre manière tout opposée enseignée par d'autres méthodes.

Je sais qu'il est des professeurs, dont je me plais du reste à reconnaître le mérite, qui veulent que la plus grande ouverture de la bouche soit de bas en haut,

et j'ai été même témoin, en Italie, d'assez
vives discussions sur ce sujet. Peut-être ce
système pourrait-il avoir aussi des parti-
sans en France. Ceux qui le pratiquent,
allèguent, pour le défendre, la raison qu'il
est plus naturel, puisque c'est la manière
dont ouvrent toujours la bouche ceux qui
commencent à chanter, ainsi que les personnes qui chantent sans études musicales.

Mais la manière la plus généralement
suivie, celle que l'on recommande expres-
sément dans les conservatoires, et que les
effets attestent incomparablement la meilleure, c'est d'ouvrir modérément la bouche dans sa longueur, en écartant les lèvres par leur extrémité, de sorte qu'elles
soient presque parallèles, et que les dents
soient légèrement découvertes. Les expé-

riences autant renouvelées qu'on le voudra, témoigneront toujours, que de toute autre manière qu'on ouvre la bouche, le son est loin d'être aussi beau, si pur et si vibrant. Quant à être naturelle, cette position ne l'est guère moins que l'autre, puisque c'est celle du sourire; il est vrai qu'elle offre aux commençants plus de difficultés que l'autre, pour s'habituer à la garder en parlant et en chantant; mais franchement, est-ce là le seul cas où l'art corrige et modifie la nature pour obtenir de plus beaux effets? Il faudrait faire preuve de beaucoup de mauvais vouloir ou d'ignorance pour méconnaître que c'est même souvent une obligation.

Le chanteur doit appuyer légèrement la langue derrière les dents inférieures. Qu'il évite de l'avancer sur les lèvres; il n'aurait ainsi qu'une prononciation nulle ou très mauvaise, un chant tout-à-fait nasal. Qu'il se garde aussi de serrer les dents ; il ne laisserait alors entendre que le sifflement d'un serpent, ou le gazouillement d'un oiseau.

Il est un moyen de se surveiller soi-même à cet égard pendant qu'on étudie en particulier : c'est de chanter devant une glace, ou d'en placer une à proximité du piano et de s'en servir à l'insu de la coquetterie, uniquement pour voir la manière la plus favorable d'ouvrir la bouche, de poser le visage et le reste du corps

CHAPITRE VI.

Port de la personne.

Le chanteur n'a pas le choix de la position, comme quelques-uns semblent le croire ; il n'en a qu'une à prendre pour étudier seul, comme pour paraître en public, je ne parle pas du théâtre ; c'est de

se tenir debout, d'avoir le corps droit et
tranquille, la tête haute et ferme, d'avoir
une attitude noble et digne, la poitrine un
peu sortie afin que la voix puisse s'en échapper libre et puissante, de ne faire aucun
mouvement de la tête, des bras, ni d'aucune partie du corps. Il est inutile d'ajouter
que cette position doit être naturelle, sans
gêne, sans roideur ni exagération. Toutes
les attitudes qui dérogent à cette règle,
sont autant de défauts; et sous aucun rapport le chant n'en présente d'aussi nom-
breux et d'aussi bizarres. En effet, je ne
crois pas commettre d'exagération en disant qu'à peu d'exceptions près, tous les
chanteurs qui se font entendre en public
n'ont pas la tenue convenable : les uns se
balancent, d'autres s'élèvent et s'abais-
sent tour-à-tour, se penchent fréquem-

ment sur le cahier de musique pour chercher la suite de ce qu'ils veulent dire,
comme si leur mémoire était infidèle ou
leur vue mauvaise. Beaucoup agitent la
mâchoire inférieure, font grimacer leur
visage, battent la mesure avec la tête ou
se meuvent en cadence ; ceux-ci croient
se donner de la grâce par des minaude-
ries; ceux-là prennent des poses tragiques;
très peu enfin qui n'aient une pose, un
tic, une grimace, un geste, un mouvement
disgracieux ou burlesque.

Mouvement des yeux, ouverture de la
bouche, attitude du visage, maintien du
corps, tenue des jambes et des bras, ensemble même de l'habillement, sont autant de points qui demandent de la sim-
plicité, du naturel et du goût; autant de
points sur lesquels il faut éviter de donner

prise à la critique, qui toujours malicieuse, va chercher là des défauts, des ridicules, des sujets de rire et de plaisanterie, quand elle n'en trouve pas dans l'exécution même du chant. Car, il ne faut pas se le dissimuler, si la politesse accorde tout haut, et prodigue même les applaudissements, elle manque rarement de s'en dédommager à voix basse, ou lorsqu'elle n'est plus en face. Soyez sévères, irréprochables de tenue comme méthode, et l'auditoire ne trouvant rien à censurer, rien qui l'amuse et le distraie, sera forcé de prêter son attention au chant. C'est déjà un muet applaudissement, moins trompeur que les bravos.

CHAPITRE VII.

Intonation.

Une autre partie essentielle du chant,
c'est l'intonation, c'est-à-dire le degré de
voix juste et précis de chaque son, de chaque intervalle. Parmi tous les défauts de
mauvaise exécution qui peuvent offenser

l'oreille, il n'y en a point qui la blesse aussi vivement que le défaut de justesse. Désagrément de la voix, absence de méthode, exécution froide ou imparfaite, se supportent à la rigueur et sans qu'il en coûte trop; mais l'organisation la moins musicale se révolte tout entière à des sons faux et discordants. Aussi, pour éviter cet intolérable défaut, faut-il ne jamais se forcer la voix dans les cordes extrêmes, soit trop aigües, soit trop graves; on doit tâcher plutôt de ne faire usage que des notes moyennes dans lesquelles la voix est plus sûre. En général, c'est là une règle dont il ne faut guère se départir dans le choix des morceaux que l'on doit chanter.

Si, de plus, on observe de respirer à propos, si l'on possède la théorie et une pratique suffisante des intervalles, on ne

peut faire autrement que d'entonner juste,
bien entendu toujours, si le chanteur a de
l'oreille, car c'est la principale condition
pour une intonation parfaite. Arrive-t-il à
quelqu'un de pécher sur ce point, il manque rarement de s'en excuser en disant
qu'il est enrhumé, fatigué, mal en voix ;
qu'il n'entend pas l'accompagnement, ou
que l'instrument est faux, bien qu'il soit
parfaitement d'accord. Mais si la faute ne
provient pas du manque d'oreille, elle
vient du moins de l'insuffisance de connaissance ou de pratique des intervalles.
En effet, quiconque les possède sûrement,
n'eût-il pas d'accompagnement, fût-il
dans les plus mauvaises conditions de voix,
peut, et je dis plus, doit toujours chanter
juste.

Cette étude demande donc infiniment

d'application; car, de ce soin et de ces exercices dépend l'avenir musical d'un chanteur. Bien peu malheureusement comprennent cette nécessité.

Je ne saurais faire une recommandation trop pressante aux personnes qui veulent faire du chant une étude sérieuse, de se rompre à la pratique des intervalles de toute nature, puisqu'ils sont la base et la substance de toute mélodie. J'engagerai donc, comme je l'ai dit, à se familiariser par un travail journalier, d'abord avec les intervalles les plus simples, c'est-à-dire les intervalles majeurs et mineurs, ensuite avec ceux qui présentent plus de difficultés, savoir les intervalles augmentés ou diminués.

Cet exercice des intervalles et celui de la mise de voix, sont indispensables, non-seulement pour acquérir une véritable science du chant; mais encore pour entretenir et développer la science acquise. Les artistes formés eux-mêmes, sont si convaincus de cette nécessité, qu'ils consacrent chaque jour quelques instants à ces exercices élémentaires. Que les commençants ne se lassent donc pas d'insister spécialement sur ce travail, quelque stérile qu'il puisse paraître, et qu'ils ne s'empressent pas de le quitter, sous prétexte qu'ils le pratiqueront implicitement dans les études de solfège et dans les morceaux de chant; car, il est certains genres d'intervalles qu'ils ne rencontreraient peut-être pas de longtemps, devant lesquels ils pourraient hésiter ou qu'ils risqueraient de fausser lorsque le hasard les présenterait. Et puis en définitive, celui qui serait sûr de tous les intervalles, possèderait la moitié de la science du chant, puisqu'il serait capable de tout lire, et de déchiffrer matériellement; il n'aurait plus à s'occuper que de l'expression et de la perfection artistique, et ce travail serait d'autant plus facile et plus prompt, qu'il ne serait plus entravé par le souci du mécanisme et par la préoccupation de la justesse des sons.

On comprendra donc sans peine l'utilité, pour ne pas dire la nécessité des exercices dont je parle. Une petite heure ainsi employée peut être d'un immense résultat, et c'est peu de temps dérobé aux autres occupations. En général, lorsqu'on peut avoir le choix des heures, le moment de la journée le plus favorable aux études purement vocales, c'est le matin à jeun, quelque temps après le lever, alors que la voix est fraîche, l'estomac libre et la poitrine reposée; le travail est plus fructueux et plus actif sur les organes qui en acquièrent eux-mêmes plus de souplesse et plus de force.

CHAPITRE VIII.

Respiration.

« La respiration est l'action que font
» les poumons pour attirer et repousser
» l'air; cette action se divise en deux mou-
» vements alternatifs, l'aspiration et l'ex-
» piration. Dans l'aspiration les poumons

» se dilatent pour introduire l'air exté-
» rieur dans la poitrine, et dans l'expira-
» tion ils s'affaissent pour le faire ressor-
» tir.

» Il faut observer que l'action de respi-
» rer pour chanter, diffère en quelque
» chose de la respiration pour parler.

» Quand on respire pour parler ou pour
» renouveler simplement l'air des pou-
» mons, le premier mouvement est celui
» de l'aspiration : alors le ventre se gonfle
» et sa partie supérieure s'avance un peu ;
» ensuite il s'affaisse, c'est le second mou-
» vement, celui de l'expiration. Ces deux
» mouvements s'opèrent lentement lors-
» que le corps est dans son état naturel.

» Au contraire dans l'action de respirer
» pour chanter, en aspirant il faut aplatir
» le ventre et le faire remonter avec

» promptitude, en gonflant et avançant
» la poitrine.

» Dans l'expiration, le ventre doit re-
» venir fort lentement à son état naturel,
» et la poitrine s'abaisser à mesure, afin
» de conserver et de ménager le plus long-
» temps possible l'air que l'on a introduit
» dans les poumons ; on ne doit le laisser
» échapper qu'avec lenteur et sans don-
» ner de secousses à la poitrine ; il faut
» pour ainsi dire qu'il s'écoule.

» On ne saurait trop recommander aux
» élèves de s'occuper de la respiration,
» elle est tout pour le chant. Ils feraient
» bien de s'exercer tous les jours, même
» sans chanter, à prendre et retenir aussi
» longtemps qu'ils le pourront, la respi-
» ration, en suivant exactement la ma-
» nière indiquée dans cet article, relati-

» vement à l'action de respirer pour chan-
» ter. »

(*Méthode de chant du Conservatoire de Paris*).

Beaucoup de chanteurs chanteraient mieux et plus facilement, s'ils étaient moins étrangers à la véritable manière de reprendre haleine. Voici à quoi se résume cette règle importante : respirer avec promptitude, sans efforts et sans bruit, de manière que personne ne s'en aperçoive. En général, le moment naturel pour respirer, c'est aux temps d'arrêt, lorsque la parole est finie, aux temps *faibles* ou *levés*. Lorsqu'il n'y a pas de silence et qu'on est obligé de respirer entre deux notes, il ne faut pas donner sa valeur entière à celle qui précède la respiration, afin de pouvoir reprendre en mesure la note suivante.

Il est des passages où l'intention expresse du compositeur, comme le sentiment de la situation, font une loi au chanteur d'entrecouper non-seulement les mots, mais encore les syllabes mêmes des mots. Tels sont les cas où le personnage, la respiration haletante, la parole entrecoupée, ne peut s'exprimer librement sous le coup d'une émotion trop violente; quand le délire égare sa raison, met l'incohérence en ses paroles; lorsqu'une défaillance lui ôte la force d'achever tout d'une fois le mot commencé; ou quand sa voix épuisée et mourante, ne laisse plus échapper qu'un râle ou des sons inachevés et expirants.

Il est un modèle parfait en ce genre que je ne puis m'empêcher de citer : j'engage les personnes avancées à étudier ce morceau dans lequel l'auteur a été admirablement inspiré. C'est l'air et duo final : *Oh ! se tu dormi svegliati,* de l'opéra Italien Juliette et Roméo du célèbre Maëstro Vaccaï. Parmi les grands auteurs qui ont traité ce riche sujet, c'est lui qui, à mon avis, a le mieux compris ce final, et qui l'a le plus heureusement rendu ; aussi l'effet en est-il saisissant. Ce sont les adieux et la mort de Roméo qui s'est empoisonné sur la tombe de Juliette qu'il croyait morte ; mais au moment qu'il commence à ressentir dans ses veines l'effet mortel du poison, Juliette se réveille de la léthargie où l'avait plongée un breuvage soporifique. Juliette vit, mais il est trop tard pour Roméo ; il meurt dans une des situations des plus dramatiques, en face de Juliette éperdue qui lui demande de vivre; entre la douleur physique du poison qui le ronge, et le désespoir de perdre sa fiancée qu'il a voulu suivre au tombeau, et qui à son tour assiste à sa dernière heure. Ce morceau d'une exécution très difficile du reste, est un des meilleurs que l'on puisse recommander comme exercice de déclamation et de respiration au milieu de syllabes entrecoupées.

Comme on le voit par cet exemple et par d'autres que je pourrais citer, il est des cas où le caractère de la mélodie, oblige à entrecouper les paroles et à respirer au milieu des mots. D'autres fois, lorsque la voix est trop faible ou la respiration trop courte pour achever entièrement la phrase musicale avant de respirer, on peut également reprendre haleine au milieu d'un mot. Il faut alors le faire avec soin, pour ne pas rendre trop brusque l'interruption des paroles ou afin qu'on ne s'en aperçoive pas lorsqu'elle ne doit pas être sensible. En pareil cas, on laisse échapper un soupir qui a l'air de se faire par émotion plutôt que par nécessité et par art, tellement qu'on dirait que le chanteur soupire et non pas qu'il reprend haleine. Ce soupir, à la faveur duquel on déguise la respiration, loin de nuire au chant, lui ajoute au contraire beaucoup de grâce et d'expression, quand il est bien fait.

Cependant, hors le petit nombre de cas que je viens d'indiquer, il faut éviter de prendre respiration au milieu des paroles, jamais non plus entre un trille et la note qui le suit, ni avant d'avoir achevé une cadence, ou terminé le sens d'une phrase musicale.

Respirer assez souvent afin de moins se fatiguer et d'avoir toujours prête la force d'exprimer toutes les teintes et gradations de la voix, est une chose bonne et que j'apprécie, parce que le chanteur s'épuise moins et se rend plus agréable ; mais en général, sans un grand volume d'air qu'on doit savoir comprimer et ménager longtemps avec adresse, il y a peu de timbre et de puissance dans la voix. De plus, sans cette faculté, il n'est guère possible de bien phraser le chant. Ce n'est pourtant pas à dire que ce soit uniquement en gardant longtemps sa respiration qu'on acquiert l'art de bien phraser, c'est plutôt en sachant respirer à propos et aux endroits indiqués par l'harmonie.

Ce chapitre intéressant pourrait donner
lieu à beaucoup d'autres règles qui demandent une observation non moins scru-
puleuse; mais elles seraient infinies parce
qu'elles varient selon les cas qui se présentent. Je ne puis les exposer ici en détail, elles s'apprennent plutôt par l'exemple et la pratique. J'engage les élèves à
étudier encore sur ce point leurs professeurs et les chanteurs habiles qu'ils pourront entendre.

CHAPITRE IX.

Prononciation.

A toutes les règles que je viens d'énon-
cer, j'ai dit qu'elles étaient utiles et im-
portantes; à celle-ci je dirais volontiers
qu'elle est la première et la plus indispensable entre toutes. Qu'est-ce en effet

qu'un chant dans lequel on ne distingue
ni sens ni paroles? C'est moins qu'une vocalise, car dans ce genre d'exercice. on
ne se donne au moins pas de peine pour
saisir ce que veut dire le chanteur, on sait
que ce n'est qu'une étude. Quelque belle
que soit la musique. quelque bien inter-
prétée quelle soit d'ailleurs. il n'est pas
possible de satisfaire le public avec une
prononciation vicieuse ; en effet. s'il n'a
pas entendu de paroles, comment peut-il
juger si elles sont traduites avec l'expression convenable. si la pensée est comprise,
si le sentiment est rendu? Peu de défauts
nuisent autant à la musique vocale, qu'une
prononciation sourde, obscure, ou nulle.

Pour éviter ce défaut trop commun, il
faut prononcer avec une force modérée;
mais jamais de la gorge, en serrant les

dents, ni à demi-voix. On doit prendre
soin d'accentuer distinctement toutes les
syllabes des mots, et surtout la dernière,
sans exagération toutefois, autre défaut
dans lequel on tombe souvent, en voulant
éviter le premier. Une des premières conditions d'une bonne prononciation, c'est
d'articuler nettement les consonnes, car
les voyelles se font toujours mieux entendre. Avant de chanter les paroles, il est
essentiel de les lire plusieurs fois à haute
et intelligible voix, avec une prononciation claire et correcte. Il faut surtout faire
en sorte de dépouiller tout accent de naissance ou de terroir.

Quiconque veut obtenir une prononciation exacte et précise, doit lire souvent
à haute voix, profiter de la conversation
des personnes reconnues pour avoir un

langage pur, une prononciation correcte.
Pour être bon artiste, il ne faut pas être
étranger à la littérature, à la poésie, à
l'histoire, à la mythologie même, enfin à
tout ce qui peut contribuer à la culture
de l'esprit, à donner l'intelligence des situations, du caractère et du rôle des per-
sonnages. Car, pour bien exprimer et bien
rendre, il faut bien comprendre et bien
sentir; et ce serait, je crois, chose assez
difficile à qui n'aurait aucune teinture
littéraire.

Malheureusement, sous ce rapport, l'art
musical n'est pas des mieux partagés, je
l'avoue avec grand regret. Je déplore sans
cesse une anomalie étrange dont notre
art présente, il me semble, presque seul
le spectacle. Parmi les personnes qui cultivent la musique, qui en possèdent une

science réelle et approfondie, qui pourraient en parler avec connaissance, émettre des jugements fondés, signaler les erreurs, indiquer les réformes, et contribuer ainsi aux progrès de l'art, en traitant soit des principes généraux, soit des questions particulières, il y en a rarement qui écrivent pour le faire. La plupart des auteurs qui ont laissé des ouvrages non méthodiques sur la musique, n'étaient pas à vrai dire des musiciens; ils pouvaient en avoir le sentiment, des connaissances, une certaine théorie, mais ils n'étaient pas des hommes spéciaux. Je voudrais voir la musique traitée plus exclusivement par des musiciens, comme la philosophie l'est par des philosophes, comme les sciences le sont par des savants.

N'y aurait-il pas du charme et du profit à lire des ouvrages sérieux écrits par des maîtres dont l'autorité serait appuyée sur des chefs-d'œuvre? On en peut juger par l'attrait qu'offrent dans un genre moins grave et malheureusement trop fugitif, les judicieuses appréciations, les revues pleines d'intérêt, dues à la plume spirituelle de l'auteur du *Chalet*.

Ce serait aussi une chose très profitable à l'art que tous les hommes de mérite, artistes ou compositeurs, écrivissent leur vie artistique, les phases, les progrès, les transformations de leur talent, les causes qui peuvent avoir exercé une influence quelconque, enfin leurs idées, le résumé de leur carrière, le résultat de leur expérience. De ce corps d'observations, d'opinions, de faits rapprochés et comparés il ne pourrait manquer de sortir d'utiles enseignements ; mais une cause contribue beaucoup à priver de cet avantage, c'est que trop souvent l'instruction littéraire ne seconde pas assez les études musicales.

CHAPITRE X.

Registres de la voix.

Je me garderai bien de causer au lec-
teur l'ennui de lui exposer la formation
physique de la voix ; de lui parler sinus,
larynx, glotte, trachée, poumons, fibres
vocales, et autres termes d'anatomie,
aussi inutiles que fastidieux, qui loin d'é-

tre de quelque secours à la voix, n'apprendraient pas même à former le moindre son. Seulement à l'égard des registres, je me trouve forcé de m'écarter de l'opinion admise par tous les professeurs; je ne le fais certainement ni par présomption ni faute d'estime pour eux. Nul ne se fait plus que moi un devoir de respecter religieusement les principes établis et consacrés par la science, nul ne sait mieux que moi s'incliner en toute humilité devant les noms couronnés de l'auréole du talent et de la gloire; mais à l'imitation des maîtres qui ont travaillé aux progrès des sciences, j'avoue mon ardeur à fouiller le sol des découvertes. S'il est des principes inébranlables sur lesquels il n'est point permis d'élever un doute, il est d'autres questions qui n'ont pas été jugées sans

appel et qu'il est permis de discuter. Car,
pas plus que de tout autre art, et moins
peut-être que de beaucoup d'autres, on
ne peut dire de l'art musical, qu'il a at-
teint la perfection et qu'il n'est plus susceptible d'amélioration. Qu'on me per-
mette d'ajouter une simple observation :
quels progrès auraient faits les sciences et
les arts, si depuis qu'ils existent il eût
été interdit d'innover ou de modifier, si,
dans la crainte de contredire les idées
admises même par les hommes les plus
capables, nul n'eût osé en émettre d'autres? S'il est une République acceptée sans
conteste, c'est bien la République des
Beaux-Arts. Or, chacun doit y jouir du
premier des droits, du plus précieux des
privilèges, celui d'exposer librement sa
façon de pensée.

Mais arrivons au fait.

Dans toutes les méthodes de chant que j'ai étudiées, comme dans toutes les conversations que j'ai eues sur ce sujet avec des professeurs soit italiens, soit français ou allemands, j'ai toujours vu, sans exception, accorder deux registres aux voix de basse-taille et de baryton. On sait que les registres de la voix sont les différentes qualités, les timbres divers, et comme les différents jeux qui composent son extension. Il est en effet des notes qui sortent pures et franches de la poitrine, d'autres, qui tout en s'y appuyant, sont plutôt élaborées dans la gorge, et que pour cette raison on appelle notes de gosier ou notes mixtes. Je n'admets pas ces dernières pour les voix de basse-taille et de baryton, je les rejette absolument. Je sou-

tiens que ces deux espèces de voix doivent chanter dans toute leur extension,
uniquement et purement de poitrine.
Toutefois l'expérience que j'ai acquise
pendant plusieurs années d'enseignement,
les observations spéciales et continues que
j'ai faites sur ces deux genres de voix,
m'obligent de convenir que ce travail,
pour baryton surtout, ne laisse pas que
d'offrir assez de difficultés aux premières
leçons, avant d'arriver à tirer de poitrine
pure les notes qu'on est habitué à faire
mixtes. Mais avec un exercice modéré et
une direction éclairée, on peut parvenir
sans trop de peine à chanter tout de poitrine; et puis cette peine est largement
payée par le succès. Les avantages et les
beautés qui résultent, pour le chant, d'une
voix ainsi ramenée à un seul timbre, sont

inappréciables et plus faciles à concevoir qu'à exposer. Pour les comprendre et les apprécier, il faut pouvoir entendre et juger. Mais les artistes qui ont voué leur carrière à cet art, sentiront mieux que personne le prix de cette méthode, qui, j'en suis convaincu, ajouterait plusieurs années à la durée de la voix.

Et ce n'est pas là une supposition hasardée, un système avancé sans fondement; ce sont pour moi des faits acquis et certains, dont j'ai fait une étude particulière et attentive. J'en pourrais donner la preuve par des exemples remarquables. J'ai vu des voix de baryton principalement dont toute l'extension s'est si bien fondue dans un seul registre, qu'il ne reste plus une note mixte, pas un son faible ou douteux; toutes les notes arrivent

de la poitrine, pures, égales et puissantes,
comme les notes semblables d'un même
clavier. Mais je le répéte, cette particula-
rité ne s'applique qu'aux deux voix de
basse-taille et de baryton.

A l'égard des autres voix, je m'unis à
l'opinion commune des autres maîtres,
qui leur reconnaissent trois registres,
c'est-à-dire notes de poitrine, notes mixtes et notes de tête ou de fausset. J'établis encore pourtant une différence. Je
prétends que le ténor doit chanter de poitrine pure, dans la même extension que
le baryton, c'est-à-dire jusqu'au fa dièze
sur la 5ᵉ ligne, en clef de sol; avec le
temps il peut arriver au sol. Jusqu'au si
bémol au-dessus de la portée, il fera usage
des notes mixtes. S'il a aussi des notes de
tête, il observera la règle suivante, égale-

ment applicable aux autres genres de voix.

Il faut unir les notes de poitrine avec celles qu'on est obligé de faire de gorge, celles-ci avec celles de tête, passer des unes aux autres, de telle façon qu'elles paraissent semblables; en un mot, faire entendre le moins possible le changement de registre. Pour y arriver, on doit s'exercer à unir les dernières notes du registre à changer, avec les premières du suivant, et les assimiler si bien qu'on distingue peu la différence des deux voix; pour cela, il faut adoucir les dernières notes de poitrine, par exemple, pour passer aux mixtes, celles-ci pour passer au fausset, et renforcer au contraire les premières notes du registre supérieur. Mais si les dernières notes de poitrine ou de medium, sont un peu faibles, et si les notes du registre suivant ont de l'éclat, comme il arrive à quelques personnes, on suit la marche inverse. Il est presque certain qu'avec un exercice continu et bien dirigé, on peut gagner quelques notes à chaque registre, sans trop se fatiguer la voix ; mais si on se la force, si l'on s'appesantit plus qu'il ne faut sur les notes extrêmes ; si l'on ne sait pas reprendre haleine à propos, la voix s'altère et risque de se perdre tout-à-fait.

CHAPITRE XI.

𝔓ortamento.

Les Italiens appellent Portamento, ce qu'on peut traduire en français, par *Port de voix*, ou porter les sons. Le Portamento est un des beaux ornements du chant, lorsqu'il est traité avec ménagement.

Mais beaucoup de chanteurs en abusent au point de tout porter, ce qui rend leur chant monotone. Le Portamento est un exercice dangereux et difficile à acquérir, car peu de chanteurs sont capables de porter parfaitement la voix, et il en est beaucoup qui approchent de l'exagération.

Sur ce chapitre, il y a peu de chose à dire en théorie, l'enseignement en est tout-à-fait pratique. Aussi j'engagerai les élèves à se faire indiquer de bons modèles et à les étudier; leurs observations personnelles vaudront mieux que ce que je pourrais écrire; mais enfin je dirai seulement deux mots pour indiquer en quoi consiste le véritable Portamento des Italiens, et sur l'erreur qui existe généralement dans l'enseignement. Il ne faut pas

confondre le Portamento avec l'action de
couler, de *traîner* la voix ; chacune de ces
expressions caractérise une manière différente.

Le Coulé n'est qu'une pure liaison ;
ainsi on peut couler la voix sur plusieurs
sons d'égale valeur, qui procèdent par
degrés conjoints ou disjoints.

Traîner la voix indique une autre action ; c'est de partir d'un son aigu pour
atteindre un son grave, et vice versà, en
faisant entendre une gamme par demi-
tons. Pour désigner ce genre d'étude, les
Italiens emploient l'expression *Strascinare
la voce*. Cette manière était usitée dans
l'ancienne école : ainsi, je me rappelle
avoir entendu le célèbre ténor Donzelli
qui en faisait grand usage. Mais l'enseignement moderne a mis à peu près de

7

côté cette pratique, sauf quelques rares exceptions.

En un mot le Port de voix consiste en deux sons attachés l'un à l'autre, et que l'on doit unir sans faire entendre de sons intermédiaires. Il faut que la voix glisse promptement par une liaison légère qui part de l'extrémité de la première des deux notes, pour tomber avec justesse sur la seconde, sans que le gosier fasse de mouvements trop marqués.

Parmi les méthodes vicieuses de pratiquer le Portamento, il en est une surtout très commune : c'est de sortir de l'intervalle donné en quittant le premier son, et de prendre un long circuit en dessous, afin d'atteindre ensuite le second son. Ce défaut est presque naturel chez les personnes qui débutent dans l'étude du chant.

Aussi j'engagerai le professeur à donner un soin particulier aux premières leçons sur le Port de voix.

Le Portamento ne se pratique guère que sur des intervalles disjoints. Lorsqu'il a lieu du grave à l'aigu, la voix passe aussi du doux au fort, en conformité de cette autre loi qui oblige à donner plus de force aux sons élevés qu'aux sons bas. Il est cependant des cas où le sentiment de la phrase demande de le faire en sens contraire, comme le pratiquent quelquefois d'habiles chanteurs ; cela donne au chant plus de variété. Il faut remarquer encore que le Portamento doit être aussi moelleux que le *Coulé*.

Au Port de voix se rattache naturellement une autre qualité du chant, et qui en est même inséparable ; je veux parler de la nécessité d'affermir la voix. J'entends par là de la maintenir autant qu'il est possible, pleine, ferme, égale et soutenue, sans brisure ni saccade, sans incertitude ni tremblement; j'entends encore de tenir les notes selon toute la valeur indiquée. En effet, une manière large, jointe au talent de chanter *lié* et *porté*, constitue certainement la plus belle manière de chanter.

Dans le récitatif cependant, et dans quelques airs où il faut parler, les notes doivent être détachées et divisées. Parfois aussi un léger tremblement, un peu de vibration, qui semblent trahir de l'émotion, et donner au chant des larmes et des sanglots, sont d'un heureux effet; mais c'est la nature elle-même qui doit indiquer ces cas exceptionnels. En effet, la

voix n'est guère entrecoupée et tremblante
que quand l'âme est vivement émue par
un sentiment de frayeur ou d'attendrissement, par un accès de fureur ou de désespoir; lorsque navrée, elle ne laisse
échapper que des cris déchirants; ou à
moins qu'elle ne frémisse indignée par
la honte d'un outrage, exaspérée par la
soif de la vengeance. Mais dans les cas
ordinaires cet usage est mauvais ; il le serait surtout dans les vocalises. Il est très
pénible pour un auditoire de bon goût,
d'entendre chanter d'une manière lâche
ou décousue, sans précision ni liaison,
soit que le chanteur traîne sa voix d'un
son à l'autre, soit qu'il chevrotte et saccade son chant, en jetant les notes une à
une, comme par saut, tellement qu'on
croirait entendre tantôt le bêlement mar-

telé d'une chèvre, tantôt le chant grêle et hâché du coq. D'autres qui exécutent certains traits de la gorge, font entendre un râle plutôt qu'un chant. Tous ces défauts ont une source commune, l'habitude d'abandonner trop mollement la voix à elle-même, de la laisser flotter indécise, sans s'astreindre à la tenir ferme, pleine, unie et posée, enfin sans lier les sons.

Du reste, ce sont là mes observations; je les laisse à l'appréciation des hommes de goût et d'expérience, au jugement des personnes qui savent en quoi consiste la véritable et bonne manière de chanter. Je répèterai seulement, qu'il ne faut pas faire abus du Port de voix. Si un chanteur prodiguait continuellement ce genre, il rendrait sa manière de chanter molle et monotone. Il est essentiel, au contraire, qu'il sache mettre de la variété dans son chant par des oppositions, en employant alternativement le Portamento et l'usage d'attaquer les sons sans les lier.

Pour tout ce qui concerne la démonstration du Portamento, et les exercices propres à le faire étudier, je ne saurais mieux faire que de renvoyer à l'excellente méthode de M. Panseron, cet habile professeur auquel l'art doit déjà tant.

CHAPITRE XII.

Appoggiature.

De tous les ornements employés dans
le chant, l'Appoggiature est certainement
le plus usité, comme étant le plus simple.
Je dirai même plus, un instrument n'est
pas obligé, à la rigueur, d'exécuter une Appoggiature où le compositeur n'en a point

écrit. Il n'en est pas de même pour le
chanteur, spécialement dans le récitatif.
Quand il voit de suite deux notes égales
de son et de valeur, il doit considérer la
première de ces notes, surtout si elle se
trouve à un temps frappé, comme une
Appoggiature en dessus, c'est-à-dire qu'il
faut l'exécuter un ton ou un demi-ton
plus haut, selon la nature de la gamme
dans laquelle ces notes sont écrites. Mais
pour faire l'Appoggiature de cette façon, il
faut tenir compte, non-seulement de la
musique, mais encore des paroles. Car,
par exemple, si la première de ces deux
notes tombe sur la dernière syllabe d'un
mot, ou si elle commence une phrase, une
mélodie, on ne doit plus la considérer
comme Appoggiature, mais l'exécuter telle
qu'elle est écrite.

Il faut observer aussi dans le chant italien, que les mots composés d'une consonne et de deux voyelles, comme par exemple, mai, fai, sai, dei, etc., sont fréquemment employés comme monosyllabes par les poètes ; ce qui fait que les compositeurs ont l'habitude de ne leur appliquer qu'une seule note ; mais le chanteur doit les considérer comme dissyllabes et leur appliquer l'Appoggiature en dessus, comme précédemment.

L'Appoggiature peut être aussi placée en dessous de la grande note, mais plus rarement ; dans ce cas elle ne peut former qu'un intervalle d'un demi-ton.

La petite note vaut ordinairement la moitié de la grande note qu'elle accompagne. Cette valeur est de rigueur, quand l'Appoggiature est préparée, c'est-à-dire lorsqu'elle est précédée d'une grande note au même degré qu'elle.

L'Appoggiature en dessus doit être articulée avec plus de force que l'Appoggiature en dessous; mais toutes deux doivent être prononcées plus fortement que la note à laquelle elles sont appliquées. En effet le mot Appoggiature dérivant du verbe italien *Appoggiare,* qui signifie appuyer, indique en conséquence qu'on doit appuyer et fixer la voix sur la petite note et la couler sur la grande. Il est pourtant des cas, et ce sont peut-être les plus fréquents dans la musique moderne, où l'Appoggiature se pratique d'une autre manière, surtout lorsqu'elle est marquée par une double croche. Au lieu d'accentuer cette petite note, la voix ne fait au contraire que l'effleurer légèrement pour appuyer avec douceur sur la grande note qui la suit.

Lorsque la petite note forme avec la grande note qu'elle accompagne un intervalle de plus d'un ton, ce n'est plus une Appoggiature proprement dite; elle indique alors le Portamento. Elle s'écrit par une petite noire, et sa valeur est prise sur celle de la note suivante.

L'Appoggiature présente encore d'autres variétés composées, qui ne peuvent se faire comprendre que par l'exemple et une démonstration pratique. C'est au goût, à l'intelligence du maître et de l'élève, de sentir la forme qui doit le mieux convenir aux différents cas qui peuvent se présenter, et la manière la plus gracieuse de l'exécuter.

J'en dirai autant du Grupetto qui demande une articulation tantôt douce et légère. tantôt incisive et mordante : c'est un groupe de trois ou de quatre petites notes prises, non sur la valeur de la note qui en est affectée, mais au lever de la mesure qui précède.

CHAPITRE XIII.

Trille.

Le Trille est un son tremblé qui doit
faire entendre deux notes distinctes. Son
mérite consiste à accentuer ces deux notes claires et détachées, en observant
strictement l'intervalle d'un ton ou d'un

demi-ton, selon le degré de la note où il est placé; il lui faut aussi pour autre condition essentielle, qu'il se forme dans le gosier, sans que l'impulsion procède de la poitrine.

Le Trille est à mon avis, un des ornements les plus gracieux en musique, et spécialement dans le chant. Cet agrément est le plus nécessaire à acquérir et le plus difficile à enseigner, attendu qu'il n'existe aucune règle précise d'après laquelle on puisse déterminer l'action des organes du gosier qui concourent à son exécution.

Il est vraiment regrettable que le Trille soit aussi négligé de nos jours. L'étude du chant était bien mieux soignée il y a quelques années, et à cette époque les chanteurs faisaient grand usage du Trille. J'ajouterai toutefois que cet ornement était

presque obligé dans leur bouche, parce
que les compositeurs en chargeaient la
plupart de leurs compositions. Depuis
cette époque l'art musical a été profondément modifié; le chant surtout a subi une
révolution presque complète. Les acces-
soires d'agrément sont un peu écartés
maintenant; on les épargne autant qu'on
les prodiguait autrefois. De nos jours on
s'applique bien plus à la déclamation, à
l'action théatrale, à l'effet dramatique.
C'est un grand progrès auquel j'applaudis.
En effet, la musique ne doit pas se borner
à moduler les paroles plus agréablement
à l'oreille, à les parer d'un manteau, tant
brillant soit-il. Les paroles expriment des
pensées, des sentiments, des passions; le
rôle de la musique n'est pas seulement de
leur prêter du coloris, mais de leur ajou-

ter de la vigueur, de la vérité, de l'expression. Ce n'est pas tout non plus pour le
chanteur, de débiter des mots et d'enchaîner des notes; l'essentiel est qu'il leur
donne un sens, de la vie; qu'il les fasse
pénétrer jusqu'à l'âme de ses auditeurs,
en y éveillant les impressions qu'il exprime. Et pour cela l'art ne saurait avoir
trop de ressources. Mais je ne vois là aucune raison qui oblige à rejeter le Trille.
C'est une grande ressource pour les voix
de femmes, de soprano principalement.
Un chanteur qui sait son art, trouvera
toujours moyen de tirer un heureux parti
de cet ornement léger, même dans les
compositions qui en sont dépourvues; car,
souvent le compositeur l'abandonne à la
volonté de l'artiste. Je dirai plus, un Trille
habilement exécuté, suffit pour faire une

des plus belles cadences par lesquelles un chanteur puisse terminer un morceau.

Je vais indiquer en deux mots le moyen de perfectionner le Trille, et d'acquérir un peu de légèreté pour certaines voix peu favorisées de la nature à cet égard.

Une voix belle, mais qui manque de légèreté, doit travailler à s'assouplir en vocalisant de la musique d'agilité avec gradation de rythme, c'est-à-dire que les premières études se font dans un mouvement modéré, et qu'on l'accélère successivement, à mesure que l'élève acquiert de la facilité par des exercices assidus. On emploie la même méthode pour obtenir un bon Trille, lorsqu'on en possède naturellement les dispositions. On le fait d'abord lentement ; puis suivant que l'éxécution en devient satisfaisante, on presse le mouvement jusqu'à ce qu'il soit exécuté tel qu'il doit l'être, c'est-à-dire rapide, égal, net et limpide. Sa durée doit être la valeur de la note à laquelle on l'attache. Cependant quand il se trouve placé sur un point d'orgue en forme de cadence finale, il ne faut le prolonger que le temps convenable pour ne lui ôter ni la force ni la grâce, et pour ne pas fatiguer vainement l'auditoire. En exécutant le Trille, il faut observer avec soin, de tenir le visage immobile, de ne remuer ni la langue, ni les lèvres, ni le menton; autrement il en résulterait un Trille très mauvais et dans le genre de celui de la chèvre. Quand il doit être un peu prolongé, on le prépare par la Mise de voix.

CHAPITRE XIV.

Cadence libre.

La Cadence libre est une brève mélodie que le chanteur improvise à la fin d'un grand air, ou d'un morceau quelconque de musique, alors que les autres parties qui l'accompagnent font silence, et laissent au talent libre carrière. C'est pourquoi je l'appelle Cadence libre. Il est nécessaire de connaître ce genre de cadence parce que le compositeur la néglige souvent : il sait que les grands chanteurs ne respectent guère celles qui sont écrites, par la raison que c'est l'unique occasion où il leur soit permis de changer et d'agir à leur gré. De plus, chaque chanteur fait habituellement cette cadence dans une forme qui lui est propre, conforme à ses moyens et aux qualités particulières de sa voix. En un mot, il profite de cette occasion de développer toutes les ressources, toutes les richesses de sa vocalisation.

On ne saurait disconvenir qu'une cadence finale bien exécutée, ne soit d'une grande importance, car c'est elle qui

décide souvent de l'effet d'un morceau.
A-t-il été un peu froid, négligé, enfin
a-t-il laissé à désirer, si le chanteur a le
bonheur de créer et d'exécuter une belle
cadence à la fin, il fait oublier le reste,
l'auditoire entraîné le couvre d'applaudissements et se retire sous cette impression favorable. Au contraire, on entend
maintes fois des personnes chanter d'une
manière vraiment irréprochable et digne
d'éloges; mais au moment de finir et d'en
recueillir les témoignages de satisfaction,
le malheur d'une mauvaise cadence détruit l'effet de ce qui précède, et refroidit
l'auditoire qui laisse le chanteur sans une
marque de faveur.

Aussi ne faut-il pas négliger de travailler avec soin la Cadence finale. Le meil-
leur moyen d'en former une belle, c'est

de reprendre une phrase ou quelque court passage déjà dit, soit en le répétant textuellement, soit en le modifiant. Si l'artiste crée lui-même sa cadence, il doit chercher à ce que sa mélodie soit dans le caractère de la composition qu'il exécute. Mais qu'il évite de fatiguer l'auditoire en prolongeant sa cadence outre mesure, comme le font quelques chanteurs.

A vrai dire, la cadence libre n'est pas nécessaire, c'est plutôt une licence; mais quand elle est heureusement réussie, elle ajoute un grand prix à l'expression générale de la mélodie.

Je ne veux pas terminer ce chapitre, sans recommander à celui qui chante, soit comme amateur, soit surtout à celui qui a voué sa carrière à cette profession,

de ne pas donner toute sa voix en com-
mençant. S'il la livre tout entière dès le
début, il se fatiguera promptement, pour
peu que le morceau soit long; avant la fin
il se trouvera sans force, sans haleine et
sans voix; alors le morceau tombe d'é-
puisement plutôt qu'il ne finit. Il est bien
plus sage de s'habituer à faire comme font
les grands artistes, car, c'est toujours à
eux que j'en reviens; au début, ils ont soin
de modérer leur voix, de ménager leurs
forces et leur respiration; ils se possèdent, maîtres d'eux et de leurs moyens.
C'est ainsi qu'un habile cavalier tempère,
au départ, l'ardeur de son coursier, afin
de lui faire fournir plus longue carrière.
A la fin, au lieu de paraître fatigués, ils
déploient plus de vigueur, et semblent
même trouver de nouveaux accents. Or,

c'est là un point essentiel et une des premières conditions de succès, car, ce n'est pas tout de partir, il faut arriver. De plus, comme je viens de le dire, la fin fait presque toujours oublier le commencement et le milieu; c'est la dernière impression qui reste.

CHAPITRE XV.

Couleurs musicales.

L'âme de la musique, c'est la variété;
par conséquent c'est la tuer que de chanter ou de jouer toujours dans la même
couleur. C'est une musique morte, qu'une
musique dénuée des teintes qui en font le

charme. Pour qu'elle ait de la vie, le secret est de donner à chaque son le degré
de force que demandent le goût, le sentiment, le caractère de la mélodie, et surtout le sens des paroles. Mais comme les
prescriptions de l'art sont insuffisantes à
enseigner le goût, l'expression et la variété des couleurs, et que ces qualités dé-
pendent plutôt des facultés naturelles, les
règles à cet égard sont en petit nombre.

S'exercer avec de la musique sentimen-
tale, sera la meilleure chose à faire pour
réussir sur cette partie essentielle d'une
bonne exécution. En effet, si la musique
est véritablement belle, si le chanteur a
la capacité de l'exécuter matériellement,
il y ajoutera bientôt les nuances et l'expression, sans grand travail et presque
naturellement, par la seule observation

des modifications indiquées. Pour exécuter exactement toutes ces nuances, il n'y a pas d'autre règle à suivre que celle d'entrer dans l'intention du compositeur et la pensée du poète, afin de traduire leur œuvre comme ils l'ont conçue.

Ne serait-ce pas une chose choquante, et contraire au plus gros bon sens, si un chanteur, comme j'en ai entendu trop souvent, du reste, exprimait avec douceur ou mollesse des mots de reproche, d'insulte, de menace ou de vengeance, et s'il mettait de la force et de la fureur à prononcer des paroles de caresse ou d'amour?

Il est cependant des cas où il faut réellement en agir ainsi; cela dépend de la situation, si les mots sont employés par figure, par opposition, par ironie, enfin si leur signification est contraire à leur acception matérielle. Mais ce sont des exceptions, et non l'usage commun. Quand il y a une phrase immédiatement répétée, on doit l'exécuter *piano* la première fois, et *forte* la seconde, ou *vice versâ,* selon que le cas l'exige.

Mais encore une fois, point de belle musique, point de bonne exécution, point de véritable talent pour un chanteur, s'il ne possède celui d'animer son chant, de le rendre expressif et saisissant. C'est la pierre de touche qui distingue l'artiste éminent du chanteur vulgaire. Cette suprême perfection demande, plus que de l'étude et de la méthode; elle demande une âme vive, une sensibilité exquise, et par-dessus tout, un goût sûr. Car, en musique comme en toutes choses, le goût est

la moitié de l'art. A cet égard, ce ne sont
pas les prétentions qui manquent. Chanter avec expression, avec goût, sont des
mots que l'on entend à la bouche de tout
le monde; mais par malheur, la réalité
ne les offre pas plus souvent pour cela.
Chacun interprète et pratique ces qualités à sa façon ; il en est beaucoup qui les
font consister dans les ornements et les
variations. C'est un défaut commun en
Italie peut-être plus qu'ailleurs, je l'a-
voue avec confusion, quoique ce soit ma
patrie. Trompés par cette fausse idée,
beaucoup de chanteurs font un usage si
fréquent, si abusif des variations, qu'ils
dénaturent tout. Chanter avec goût, c'est
exprimer chaque pensée d'une manière
vraie et naturelle, c'est soutenir ou modifier la voix, selon que l'exige le sentiment,

c'est la nuancer des diverses teintes qui peuvent prêter du charme à la pensée ou la rendre plus frappante. Pour mieux dire, cela se résume à exprimer chaque morceau selon son véritable sens et caractère.

Sans aucun doute, les ornements contribuent à donner de la grâce au chant; mais ils consistent en quelques Trilles, Appoggiatures ou Gropetto placés à propos. On peut même parfois se permettre de changer quelques courts passages, pour mieux les approprier à sa voix. Mais il faut en être très sobre, et cela demande beaucoup de prudence et de précaution, pour ne pas dénaturer le sens des paroles et le caractère du morceau. Et puis, à vrai dire, la bonne musique, celle qui est véritablement expressive, ne souffre que fort peu de changements.

CHAPITRE XVI.

Récitatif.

Le Récitatif, selon Rousseau, est un dialogue, ou un récit débité sur un ton musical et destiné à lier la contexture du drame, à rassembler dans un même corps, à faire valoir les différents airs dont se compose un opéra. Mais du moment qu'on doit parler musicalement, et dans une musique quelquefois plus expressive que celle de certains airs faibles et assez insignifiants, on ne saurait apporter trop d'attention à la manière de chanter le Récitatif. Il faut se rappeler avant tout qu'il demande moins à être chanté que déclamé.

Il y a, en effet, grande différence entre le chant du Récitatif et celui des airs. Le premier est toujours à peu près le même; tout ce qui peut le varier est plutôt du ressort de la déclamation, que de celui du chant proprement dit. Qu'il soit léger, simple, tendre, langoureux, vif ou passionné, bref, hautain, brisé, sanglottant ou désespéré, qu'il prie ou qu'il maudisse, la mélodie ne lui prête rien; il ne tire ses ressources et ses beautés que d'un débit bien senti, d'une expression énergique et vraie. C'est ici que l'art domine et que le talent se révèle; ici ni broderies, ni roulades; pour impressionner, le chanteur n'a que la parole et le sentiment.

Les airs, au contraire, présentent de la variété, un caractère qui les distingue, une mélodie cadencée qui prête naturellement au chant. En général, l'air s'exécute, coulé, lié et porté; le Récitatif sec, large, vibrant et détaché. De plus, dans un air, l'artiste a des ressources dans les ornements de tout genre qui seraient complètement déplacés dans le Récitatif.

Le Récitatif se divise en deux espèces : le Récitatif simple, le Récitatif obligé.

Le Récitatif Simple, que j'appelle ainsi, parce qu'il n'est accompagné que d'une basse, ou de quelques accords, n'a pas de loi pour la mesure, si ce n'est de ne pas trop s'éloigner de la valeur des notes, pour ne pas dénaturer la quantité naturelle des syllabes. Quant à la durée de la mesure, des pauses, des silences, on peut l'abréger ou la prolonger à son gré, selon qu'on le juge à propos.

Le Récitatif Obligé est celui qui étant accompagné par tous les instruments, ou entremêlé de traits de symphonie, oblige, pour ainsi dire l'orchestre et le récitant l'un envers l'autre, et les force à suivre rigoureusement la mesure. Dans l'un et l'autre Récitatif, il ne faut pas oublier qu'on ne chante pas, à vrai dire, mais qu'on parle chanté. Or, le point capital est de faire entendre distinctement le récit, de prononcer clairement chaque parole, d'entonner avec justesse chaque intervalle, et par-dessus tout, de chanter avec âme et expression.

Pour les jeunes artistes qui se destinent à la scène, il est inutile de leur recommander une étude spéciale et sérieuse de la déclamation, des gestes et du mime. Le théâtre français est le plus rigide et le mieux perfectionné sous ce rapport. Mais malgré les immenses progrès qu'il a faits dans le Récitatif, et dont il est surtout redevable à deux de ses plus belles illustrations modernes, aux célèbres Duprez et Ronconi, il reste encore plus d'une amélioration à désirer ; une des plus pressantes serait de ne plus voir un acteur faire statue pendant que l'orchestre exécute une ritournelle, rire ou passer la salle en revue. C'est se méprendre étrangement sur le but du compositeur, de

croire qu'il n'a coupé le Récitatif qu'afin
de donner du repos au récitant, ou pour
placer un morceau de symphonie. Quand
il interrompt le discours à un passage
animé ou pathétique, c'est qu'il en pres-
sent un effet plus dramatique. Il suppose
que le personnage ne pouvant plus continuer, oppressé qu'il est par l'émotion,
ou que transporté par une passion qui ne
lui permet pas de tout dire, il fait des ré-
ticences durant lesquelles l'orchestre parle
pour lui. Ces silences ainsi remplis affec-
tent infiniment plus l'auditeur, que si
l'acteur disait lui-même ce que la musique fait entendre. Mais au moins faut-il
qu'au lieu d'abandonner son rôle, l'acteur
poursuive, au contraire, sa pensée en silence, et qu'il continue l'action muette
conformément au sentiment de la ritour-

nelle. De cette façon le public ne se refroidirait pas, le morceau n'étant plus coupé languirait moins, la ritournelle elle-même acquerrait un nouvel attrait qui la rendrait plus saisissante.

Il est un autre défaut d'anciens chanteurs, dans lequel tombent encore quelques modernes; c'est de mêler des ornements au Récitatif. C'est une chose qui n'est pas naturelle et contraire au bon sens. Le Récitatif est une musique parlée; or, quand on converse, ou qu'on raconte, on ne doit pas songer à faire des fioritures. Cependant avec des paroles légères ou frivoles, comme il s'en présente assez fréquemment, surtout dans les opéras comiques, il peut être permis d'employer quelques gropetto, gammes, roulades ou autres parures gracieuses et courtes. Mais, je le répète, le Récitatif animé, avec des paroles expressives, exclut toutes broderies.

Les chanteurs en réputation ne sauraient donc trop se garder d'introduire certaines licences, et des nouveautés hasardées que leur talent justifie, mais dont il résulte pour l'art d'irréparables dommages. Qu'ils considèrent qu'ils sont le point de mire d'une quantité d'artistes médiocres empressés de les copier, mais qui n'ont ni assez de jugement pour le faire avec discernement, ni le talent d'exécuter de pareilles hardiesses, et de se les faire pardonner.

Un de ces défauts les plus enracinés, du moins en Italie, c'est la manie de varier, dont j'ai déjà dit un mot au précédent chapitre. Il en est qui croient vraiment que chanter un morceau, c'est le varier à n'en rien laisser; et ils le brodent, ou plutôt ils le défigurent si bien, qu'il ne reste plus une phrase de la mélodie primitive; tellement que le pauvre compositeur qui a consommé tant de veilles et de labeurs à perfectionner son œuvre, en est à se demander si c'est là ce qu'il a pensé et écrit. Qu'on leur en fasse l'observation, ils ne manquent jamais de se justifier sur le goût du public qui les y pousse. Car ajoutent-ils, plus ils varient, plus ils sont goûtés et applaudis. Il serait plus vrai de leur répondre que ce sont eux qui gâtent le public en dépravant son goût, en l'habituant à de mauvaises méthodes. Un homme consciencieux ne peut ainsi prendre pour des applaudissements valables des bravos sans intelligence, ni pour de la gloire, des éloges si peu mérités. Car, il y a une immense différence entre un public éclairé et véritablement amateur, et une multitude incapable de distinguer et de juger ce qui est essentiellement bien. Un homme qui a la science et l'amour de son art, ne doit jamais le profaner, ni trahir la beauté des choses, pour quel motif que ce soit, à plus forte raison pour satisfaire un vulgaire ignorant.

Si les applaudissements sont quelquefois une récompense méritée, ils sont souvent aussi bien funestes à ceux qui en sont l'objet. Je voudrais pouvoir prémunir assez les jeunes débutants contre leur doux poison, dont beaucoup n'ont pas la force de se défendre. C'est une chose affligeante de voir des artistes, et surtout des amateurs ayant du côté de la voix des dispositions et de la fortune, tout ce qu'il faut pour acquérir un beau talent, rester dans la médiocrité, faute de travail.

Eblouis par des applaudissements qu'un public bienveillant leur adresse, souvent plutôt pour les encourager à cultiver les heureuses dispositions qu'on leur reconnaît, ils s'enivrent de cette fumée, s'endorment sur ces faciles lauriers, et quelquefois ne s'éveillent qu'au bruit des éloges accordés à de nouveaux-venus plus laborieux, qui les effacent.

L'unique moyen, ce me semble, de remédier à la manie des variations, serait que chaque professeur s'attachât à convaincre ses élèves qu'ils chanteraient infiniment mieux et qu'ils plairaient toujours davantage, en ne changeant rien à ce qui est écrit.

Ce serait aussi une excellente chose
pour les artistes de profession, surtout
pour ceux que la nature a doués de qualités privilégiées de manière à pouvoir
parvenir au rang de chanteurs de premier
ordre, qu'ils acquièrent une certaine connaissance de la composition : ceci, je ne
le dis pas pour leur conseiller d'en faire
usage, bien loin de là, une pareille occupation ne pourrait qu'être préjudiciable à
leur voix, à cause des fatigues qui résulteraient pour eux de ce travail. Ce serait
plutôt pour reconnaître la substance,
pour apprécier la valeur de ce qu'ils auraient à chanter. Et puis n'apprendraient-
ils qu'à respecter une composition telle
qu'ils la trouveraient écrite, ce serait déjà
beaucoup.

L'étude de l'harmonie et de la composition n'est que peu cultivée, elle jouit même généralement de peu de faveur, je ne le sais que trop, et je le regrette vivement, non pas, je le répète, au point de vue de la composition mise en pratique, et de la production, mais pour les avantages et les progrès qui en résulteraient pour la musique en général; car cette science seule peut donner de véritables connaissances musicales, et permettre de juger et d'apprécier les choses pour ce qu'elles sont en elles-mêmes. Sans elle, la musique n'est pas la science des sons, comme dit Rousseau, c'est celle des noires, des blanches et des croches. Les amateurs forment de beaucoup la majorité des personnes qui cultivent la musique. Ce sont ceux-ci surtout qui se montrent le moins disposés à s'appliquer à cette

partie de la musique, la plus importante
pourtant, et la plus intéressante en même
temps. Les uns la tiennent pour une
science qu'il leur serait inutile de posséder, d'autres la regardent comme trop
abstraite et incompréhensible ; en somme,
tous à peu près la rejettent, dans la persuasion que c'est une étude longue, en-
nuyeuse, qui demande trop de peine pour
la cultiver sérieusement. On ne peut disconvenir que les traités d'harmonie justi-
fient jusqu'à un certain point ce dégoût.
La plupart ne semblent faits, et ne sont
intelligibles que pour les personnes déjà
initiées aux secrets de cette science. Je
me suis demandé souvent si l'étude de
l'harmonie trouverait toujours aussi peu
de faveur, et ne deviendrait pas plus commune, du jour où il existerait une mé-

thode courte, simple, claire, qui aplanît
les difficultés les plus ardues, une méthode
enfin qui fût à la portée de tout le monde.
Le même désir d'être utile à l'art et à ceux
qui s'en occupent, m'a inspiré l'idée d'en-
treprendre ce travail; mais je n'ose me
flatter d'avoir réussi.

.

J'ai résumé en douze leçons les premiers éléments d'harmonie. C'en est assez pour donner des notions suffisantes à
ceux qui ne veulent pas en faire une étude
approfondie. Ils pourront trouver dans
un traité de quelques pages, les principes
qu'ils ne pourraient se décider à débrouil-

ler dans de longues et volumineuses méthodes. C'est l'affaire de quelques semai-
nes avec l'aide et les explications d'un
maître.

CHAPITRE XVII.

Mue de la voix.

La voix de l'homme a ses révolutions comme notre nature, ses phases comme notre destinée, ses âges comme notre vie. De même que notre existence, elle a son enfance, sa force et son déclin. L'adolescent avant d'être homme, la jeune fille avant de devenir femme, subissent une révolution pour passer de l'enfance à la puberté. C'est comme une seconde naissance, la naissance de la virilité. Elle est quelquefois difficile et laborieuse ; elle a même ses dangers comme la première. A cette époque la voix subit aussi un changement. C'est la *Mue*.

Jusque-là, la voix est à peu près la même pour les individus des deux sexes, c'est-à-dire que les garçons ont la voix de femme. « Mais après la Mue, la voix » d'homme change tout-à-fait de nature, » en prenant un caractère opposé à celui » qu'elle avait. La voix de femme, au » contraire, n'éprouve pas une mutation » pareille; le seul changement qui s'opère » en elle, consiste à donner à cette voix,

» sans qu'elle change de nature, plus de
» force, plus de timbre, et souvent plus
» d'étendue. »

(Méthode de chant du Conservatoire de musique de Paris.)

D'après ses qualités antérieures, on peut préjuger à peu près ce que sera la voix d'homme après la Mue ; mais il n'y a pas de données certaines à cet égard : la marche de la nature peut être contrariée et arrêtée par des causes nombreuses. A cette époque qui varie suivant les individus, la voix demande beaucoup de ménagements. Les excès, les maladies, l'exercice forcé, peuvent gravement la compromettre, et s'ils ne la gâtent pas sans retour, il en résulte du moins des voix très limitées et très faibles.

D'anciens maîtres avaient même introduit l'habitude de supprimer le chant à leurs élèves pendant la Mue. Mais c'était plutôt pour prévenir les imprudences et préserver la voix des accidents auxquels peut exposer l'inexpérience, que par mesure de nécessité. Ils avaient raison sous ce rapport, car il vaut mieux s'abstenir complètement de chanter, que de forcer la voix dans un moment où elle demande tant de ménagements.

On peut cependant avec des précautions continuer l'étude du chant, même pendant la Mue, mais en chantant modérément, et en prenant soin de ne pas forcer la voix dans les sons graves, et surtout dans les sons aigus. Par conséquent, le maître doit tous les jours observer et étudier la marche de la voix d'un élève, afin de retrancher successivement des exercices qu'il lui fera faire les sons provenant

de poitrine que la Mue lui aura fait perdre ; et lorsqu'il ne restera plus à l'élève
qu'une octave de l'étendue de sa voix,
alors il cessera tout-à-fait de le faire chanter. En observant scrupuleusement cette
méthode, au lieu de gâter la voix des élèves, non-seulement on la leur conservera,
mais aussi, par ce moyen, les progrès de
la Mue seront plus rapides, et on en ob-
tiendra plus promptement le terme.

CHAPITRE XVIII.

Lorsqu'un malade échappé au danger
d'une grave maladie en est aux jours
heureux de la convalescence, et que son
état ne réclame plus les soins assidus de
la science, le médecin avant de le quitter

lui prescrit un régime, lui donne de sages conseils, pour ne pas compromettre sa guérison. Avant de vous livrer à vous-mêmes, amateurs ou artistes, permettez-moi aussi un dernier avis, pour compléter toutes les recommandations que je vous ai adressées.

Si Dieu vous a fait don d'une belle voix, si par l'étude vous avez été assez heureux pour y ajouter le talent de vous en servir, je vous dirai aussi : de la prudence! afin de ne pas compromettre vos espérances, de ne pas perdre le fruit de vos labeurs.

Vous possédez un trésor, veillez sans cesse à sa garde : quand vos études seront achevées, ne vous croyez point affranchis des soins que réclame sa conservation. Qu'une sage pensée vous rappelle toujours ce qu'il vous en a coûté de temps et de travail pour arriver au talent, qu'en votre voix reposent votre espoir, votre avenir, votre existence peut-être. Jamais donc d'oubli, ni d'entraînement, car une heure peut tout vous ravir. Le jour où vous aurez perdu votre voix, à quoi vous servira le talent acquis? Assez de causes imprévues viendront trop vite vous l'enlever ; ne devancez pas l'âge et l'œuvre des maladies. Que la joie du succès, l'enivrement du triomphe, ne vous fasse pas perdre de vue l'issue fatale où la perte de votre voix serait le terme inévitable de votre carrière musicale.

Voyez quels soins un amateur prodigue à la plante précieuse qu'il tient à conserver. Il ne se rebute point des attentions incessantes qu'elle réclame, pour lui donner la nourriture, le degré convenable d'humidité ou de chaleur, pour l'abriter des vents brûlants, des soleils dévorants, des froidures, des intempéries, de tout ce qui peut lui nuire. Votre voix est sujette à plus d'accidents encore, et certes ne vaut-elle pas un peu de ces soins? Puisque vous avez consacré à la cultiver tant d'années et de travail, trouverez-vous que ce soit trop de quelques précautions pour la conserver? Je ne vous demande pas de vous condamner à l'immobilité, ni de présenter le spectacle de momies vivantes. Exagérer ces précautions jusqu'à la puérilité, ce serait trop; mais braver tous les conseils de la prudence et ne tenir compte de rien, ce serait trop aussi. Un régime sobre, une vie régulière : voilà tout ce que demande votre intérêt, ainsi que la morale.

Craignez les suites de la débauche et de l'inconduite : abstenez-vous de tout écart de régime, des liqueurs fortes, de tout mets contraire. Je ne puis entrer dans des détails à ce sujet, parce que c'est une chose excessivement variable selon les estomacs. Mais en général, il est peu de personnes chez lesquelles les fruits verts, les crudités, les aliments épicés n'aient pour résultat immédiat d'embarrasser et d'altérer la voix. C'est une chose d'expérience et d'observation personnelle ; mais dès que l'on sait qu'une chose est nuisible, il faut s'en abstenir strictement. Persister à ne pas vouloir s'en priver. serait une des causes qui contribueraient le plus vite à gâter la voix.

A tout âge il serait funeste d'insister sur les notes extrêmes; dès que la voix se fatigue à étudier, il faut interrompre immédiatement.

Evitez les veilles prolongées, les excès de tout genre, même dans l'étude et le travail, les exercices violents, tels que la course, la lutte, l'escrime, les discussions animées, les lectures tant soit peu longues à haute voix, les discours, et même les conversations trop prolongées. Ne voit-on pas souvent les avocats, les professeurs, les personnes que leur profession oblige de parler beaucoup, forcées de s'interrompre ou réduites à ne parler qu'avec peine, d'une voix aigre et enrouée, par suite de l'irritation des organes. Si votre voix est déjà fatiguée avant de chanter, comment voulez-vous qu'elle ait de la fraîcheur! Et n'est-ce pas une chose dans l'ordre naturel que l'organe s'use plus vite en l'employant à double usage, que si vous le ménagez en le réservant plus spécialement pour un seul?

L'étude d'un instrument à vent est inconciliable avec la conservation de la voix. Ne songez pas même à acquérir une force supérieure sur un instrument à corde, sans excepter le piano, ni à vous livrer dans ce but à un travail opiniâtre. Ces efforts tiennent les muscles dans une tension nerveuse qui se communique au système général, et peut à la longue être nuisible aux organes de la voix. Ne restez pas longtemps non plus à une table pour écrire, cette occupation tient la partie supérieure du corps dans une contraction dangereuse.

Vous ne sauriez trop vous tenir en garde contre toutes les variations de l'atmosphère, craignez les courants d'air, les transitions brusques du grand chaud au grand froid. Les personnes de constitution délicate, surtout, ne savent que trop, par leur propre expérience, combien l'organe du chant est susceptible, et combien d'incommodités peuvent provenir des moindres causes. Ne négligez aucune des indispositions légères qui peuvent affecter la gorge, les poumons ou la poitrine ; soignez-les de suite pour vous en débarrasser; n'attendez pas qu'elles passent à l'état chronique, que par votre insouciance, un rhume se convertisse en fluxion de poitrine, en pleurésie, qu'il dégénère en catarrhe, qu'il vous réduise à l'état de phthisie. Les moindres indispositions sont à craindre; d'abord tant qu'elles durent c'est de la gêne et du temps perdu; ensuite, en se répétant, elles deviennent plus graves et elles préparent insensiblement la ruine de la voix.

Jeunes femmes qui aimez les fêtes et la joie, défiez-vous aussi de l'étourdissement de la danse, de l'éblouissement des lustres et de la foule; n'oubliez pas, dans l'enivrement du plaisir, l'organe et l'instrument de vos triomphes. Le bal a bien tué des jeunes femmes comme vous. Il en est beaucoup qui ont pris sous leur couronne de fleurs le germe de la mort. Tremblez d'expier trop chèrement quelques heures d'oubli, en vous réveillant le lendemain avec une voix éteinte. Et ne pensez pas à vous plaindre de cette servitude salutaire; ne cherchez pas à vous en affranchir. N'y trouvez-vous pas une assez belle compensation dans les applau-

dissements, la renommée et la fortune ?
Et puis ces privations légères, qui sont la
conservation de votre voix, ne sont pas
utiles qu'à elle seule, c'est ménager en
même temps votre santé, c'est prolonger
votre existence.

CHAPITRE XIX.

Conclusion.

Pour terminer ces conseils sur l'art du chant, je vais résumer en quelques mots la marche à suivre. La mise de voix, les gammes, quelques exercices et le solfège: voilà pour la première année. Je recommanderai une dernière fois au professeur qu'il ne recule pas devant l'ennui de composer lui-même les premières études de solfège, afin de mieux les approprier à la voix, à l'âge, à l'intelligence de l'élève; que ces solfèges soient dans un mouvement modéré, entremêlés de notes à longue valeur; que les premiers surtout soient clairs et faciles.

L'élève qui aura bien employé cette première année, devra être en état de passer aux vocalises. Un solfège trop prolongé peut avoir ses inconvénients. Ainsi je crois que cette cause n'est pas étrangère à bon nombre de défauts que conservent beaucoup de chanteurs, comme par exemple de ne pas ouvrir la bouche, de mal prononcer, de ne pas livrer leur voix.

La deuxième année, mais plus spécialement les six premiers mois, seront employés aux études de vocalisation, c'est-à-dire, qu'au lieu de prononcer le nom des notes, en chantant les intervalles, comme il l'a fait dans le solfège, l'élève leur appliquera la prononciation de la voyelle A.

La vocalisation ne laisse pas que de présenter assez de difficultés pour la perfectionner. Ces difficultés tiennent d'abord à l'ouverture de la bouche. Le seul moyen d'obtenir sonore la prononciation de la voyelle A, c'est d'ouvrir exactement la bouche, comme je l'ai exposé au chapitre V. Pendant qu'il vocalise, que l'élève observe de ne pas laisser la bouche se déranger en aucune façon, qu'il s'applique à la maintenir jusqu'à la fin, absolument telle qu'elle a été posée au commencement. La prononciation sonore de la voyelle doit dominer uniformément dans toute l'étendue de l'étude, du premier jusqu'au dernier son. J'engagerai aussi le maître à veiller sur ce point, car souvent dans le courant de l'étude, par le dérangement de la bouche, le son ouvert de la voyelle A s'altère insensiblement, et finit par se confondre avec le son de la voyelle O.

Je recommande à l'élève de s'appliquer à bien poser sa voix, de manière à pouvoir, sans la forcer, donner toutes les gradations du *piano* ou *forte* qu'exige la mélodie qu'il vocalise; en un mot, qu'il s'habitue à être maître de son instrument, à le manier à sa volonté.

On le voit, pour perfectionner une vocalise, pour y réunir l'observation de toutes les règles essentielles, il faut des soins et du temps; et trop souvent cette partie importante du chant est négligée. Bien des fois j'ai déploré cette triste négligence à l'occasion d'élèves sortant d'autres écoles. J'en ai vu qui, tout fiers d'avoir vocalisé cinquante ou soixante études, se croyaient déjà avancés, et qui n'étaient pas capables de vocaliser dix mesures selon des principes rigoureux. Quel fruit avaient-ils retiré de ce grand nombre d'études? Malheureusement que des défauts et des vices, enracinés sans espoir de les extirper. Ce déplorable résultat vient de l'erreur où étaient le maître et les élèves, de croire qu'il y a beaucoup à gagner à voir beaucoup de choses à la légère. Je chercherai plutôt à convaincre de la vérité de cet autre principe : moins de vocalises, mais plus de soin et plus de perfection.

J'ai dit que les six premiers mois de la seconde année devaient être plus exclusivement consacrés à la vocalisation; pour montrer jusqu'à quel point je trouve funeste et je repousse le système de parcourir et d'effleurer une quantité d'études, sans les soigner, sous tous les rapports, j'ajouterai que si l'élève apprend huit, dix vocalises au plus dans ces six mois, c'est tout ce qu'il devra faire, je n'en veux pas davantage. Quelque restreint que semble ce nombre, il suffit à réunir toutes les difficultés nécessaires pour vaincre et corriger les imperfections par lesquelles peut pécher sa voix.

Le maître trouvera facilement à choisir des études appropriées au caractère, aux besoins de cette voix, parmi les nombreuses vocalises des plus grands professeurs, entre autres du célèbre Bordogni.

D'après ce système de perfectionner chaque chose en détail, ce qui concerne la lecture musicale semblerait négligé ; on ne fera, au contraire, que l'acquérir plus vite, en pratiquant séparément le solfège parlé, comme je l'ai démontré précédemment. Si une année de ce travail n'a pas suffisamment habitué l'élève à déchiffrer sans hésitation, il le continuera aussi longtemps qu'il en aura besoin.

Les six derniers mois de la seconde année, l'élève commencera de chanter de la musique avec des paroles, sans abandonner tout-à-fait les vocalises ; il donnera moins de temps à cette étude pour en donner davantage à celle de la mélodie. Pour celle-ci il faudra choisir de la musique simple et expressive, des compositions qui sortant de la plume de bons compositeurs, réunissent toutes les conditions désirables.

Enfin, la troisième année, on abordera la musique plus sérieuse, des compositions plus étendues qui réunissent tous les genres de beautés et de difficultés, les grands morceaux, les partitions. Cette dernière année sera plus particulièrement un travail d'art et de perfectionnement. Quand l'élève en sera là, qu'il cherche à entendre les grands artistes; l'étude des bons modèles, l'observation des grands maîtres, seront pour lui des leçons utiles et précieuses.

Les conseils de son maître, appuyés de ces exemples, lui seront plus profitables.

Vous tous qui embrassez l'étude de cet art éminent, soit pour lui demander un avenir, les vives émotions de la scène et les bruyantes acclamations de la foule enivrée, soit afin qu'il vous procure, sur d'autres théâtres moins périlleux, d'autres vivats que votre ardeur ambitionne, ou pour qu'il vous aide dans la solitude à distraire vos ennuis, à tromper vos heures oisives ou soucieuses, à bercer vos rêveries, à endormir vos chagrins, à chanter enfin vos illusions éteintes ou vivantes, amateurs ou artistes, qui abordez cet art avec anxiété et impatience, à qui, dès le début, il tarde de connaître le terme : voici ma réponse à tous, et la durée précise de vos cours, si vous voulez acquérir la science d'un vrai chanteur.

A moins que la nature ingrate pour

lui ne l'ait déshérité de tous ses dons, et privé de toute disposition, quiconque apportera à cette étude de l'intelligence, un travail sérieux et assidu, pendant trois années, devra être à même alors de comprendre à peu près, à première vue, et d'interpréter par lui-même, comme il faut, toute musique ordinaire, je ne parle pas de compositions difficiles, qui demandent toujours beaucoup d'étude, même aux célébrités qu'elles sont destinées à faire briller. Et puis, il est incontestable que ce n'est pas au premier aspect d'un morceau qu'on peut le rendre avec perfection, mais je veux dire qu'alors on est initié à l'art, qu'on en possède les secrets, et que l'on peut se suffire.

Ce résultat justifie l'opinion que j'ai énoncée à l'Introduction, en disant que l'étude du chant est plus facile et moins longue que celle de tous les instruments. En effet, il n'est pas un instrument sérieux qu'il soit possible d'apprendre et de posséder aussi bien, dans le même espace de temps. Et quand je dis trois ans, je parle pour ceux qui arrivent au solfège, étrangers à la musique. Ceux qui ont des connaissances antérieures verront leur apprentissage s'abréger en proportion de leur degré de force et de leurs dispositions.

Quant aux jeunes artistes qui se destinent à la scène lyrique, je ne retranche rien des trois années complètes. Y a-t-il à craindre de trop acquérir, et de travailler assez un art qui demande un si haut point de perfection? Trois ans d'étude pour acheter le talent, les applaudissements et la célébrité; trois ans de travail pour acquérir la puissance de verser le calme ou de souffler la tempête sur les flots populaires, comme les vents sur les plaines de l'Océan; trois ans pour obtenir le pouvoir de remuer par ses accents des cœurs endurcis et glacés, d'attendrir des beautés altières; trois ans pour la douce jouissance de leur mettre, à son gré, l'é-motion dans l'âme, le sourire aux lèvres ou les larmes aux yeux; trois ans pour gagner la sympathie secrète de tant de cœurs palpitants sous l'attraction du vô-tre, pour enchaîner les âmes au son de votre voix, les regards humides au rayon-nement de vos yeux; trois ans de patience pour devenir rois ou reines, pour régner sur la scène ou dans les salons; trois ans d'épreuve et d'attente pour voir ensuite tomber à vos pieds, une douce pluie de pleurs, de bravos et de couronnes, est-ce un trop dur sacrifice, dites-moi, vous dont les jeunes imaginations ne rêvent que d'éloges, d'admiration et de gloire? Vos illustres devanciers ne croyaient pas payer trop cher ces précieuses récompenses dont vous êtes avides comme eux, par un plus long apprentissage, par six, huit ou dix années d'obscurité laborieuse. Pour parvenir au but de vos vœux, à chanter, comme eux, avec art, avec âme et expression, il vous faut comme à eux d'heureuses dispositions et du travail; il vous faut surtout le bonheur de rencontrer un professeur habile et consciencieux, qui soit capable de développer les dons que vous avez reçus de la nature.

APPENDICE.

Considérations
Sur la musique populaire en France et en Italie. — Musique sacrée.

Voici quelques observations qui, pour ne pas se rapporter directement à l'étude du chant, n'en seront pas moins utiles, surtout pour développer et répandre le goût de la musique vocale parmi le peuple, sur qui pèse un injuste préjugé. Au dire de beaucoup de gens qui jugent sur l'apparence des faits, sans en rechercher les causes, il semblerait que Dieu a refusé au peuple français l'instinct musical, source de tant de jouissances, pour en favoriser exclusivement le peuple italien. Les Français qui voyagent en Italie sont généralement frappés de l'enthousiasme qu'ils y rencontrent partout pour la musique vocale, et surtout de la supériorité qu'ils trouvent dans l'exécution du chant parmi le peuple, en comparaison de la manière dont on chante en France. Chez les populations italiennes, le goût du chant est en effet passé dans les mœurs de toutes les classes. L'amateur à qui la fortune a permis des études plus étendues, s'efforce de rivaliser de perfection avec

l'artiste applaudi sur la scène : le lazarone
à jeun sur la grève, ou le pêcheur en gui-
dant sa nacelle, chante sa barcarolle ou
sa chanson populaire. avec infiniment
plus de charme et de perfection que ne
pourrait le faire. en France, un homme
de sa condition.

Mais qu'on ne s'y trompe pas : ce qui
est un fait aujourd'hui, n'est que la conséquence d'une cause antérieure; ce n'est
que par suite d'une longue pratique, que
le chant est devenu une des marques dis-
tinctives du caractère national, et que
chaque peuple a fini par se créer une
musique à lui. Ainsi, par exemple, les
Vénitiens, les Lombards, les Romains, les
Napolitains présentent. chacun dans leur
musique, un cachet d'originalité et de
nationalité : de sorte que pour l'étranger

observateur, il suffirait d'entendre les chants populaires d'un pays pour se faire une idée du caractère des habitants, pour deviner en partie leurs goûts, leurs habitudes, enfin le fond de leurs mœurs.

Tous les voyageurs remarquent encore à regret, que nulle part, en France, on n'entend ces chants d'ensemble exécutés avec tant de charme par les ouvriers de Milan, de Rome, de Florence ou de Palerme. Mais Milan est surtout remarquable sous ce rapport : je le dis en toute impartialité, et non pas parce que c'est ma patrie ; mais je crois que c'est la ville où est le plus prononcé le goût du chant, et spécialement des morceaux d'ensemble. C'est là un des plus doux délassements des classes laborieuses. Ainsi il n'est pas rare de voir les ouvriers à leurs moments

de loisir, souvent même au sortir de leurs
ateliers, se réunir en groupes et se donner l'innocent plaisir de parcourir la ville
en chantant des chœurs et des fragments
d'opéras arrangés par eux-mêmes. Ces
concerts en plein vent leur offrent une
double jouissance ; ils y trouvent d'abord
la satisfaction de leur passion favorite, la
passion de la musique, ensuite une satisfaction d'amour-propre, en se voyant
écoutés avec plaisir et souvent suivis par
une foule de curieux de toutes conditions,
qu'entraîne sur leurs pas le charme de
leur exécution.

En France, au contraire, l'homme du
peuple chante habituellement seul, et
presque toujours sans rhythme ; ou si par
hasard on entend plusieurs voix ensemble, c'est d'ordinaire avec une absence

complète de mesure, d'accord et d'harmonie. On en a conclu que l'Italien
chante bien, et que le Français chante
mal. Il serait plus juste de dire que l'Italien sait chanter, et que le Français ne le
sait pas; d'où cette déduction rigoureuse :
l'Italien a appris à chanter et le Français
n'a pas reçu la moindre notion de musique. Voilà la vérité.

La musique est innée dans l'homme;
j'ose dire que Dieu n'a pas fait de préférence entre peuples, et qu'il a réparti cet
instinct comme les autres sentiments hu-
mains, d'une manière égale entre tous les
hommes. On trouve, il est vrai, des goûts
plus prononcés chez les uns que chez les
autres; mais ce n'est pas par suite d'une
différence dans l'organisation naturelle;
c'est uniquement parce que ces goûts sont

plus développés par les mœurs et par l'é-
ducation. Ainsi la nature a donné à tous
les hommes l'organe et l'instrument du
chant; mais quel est donc l'instrument
dont sache se servir avec avantage un
homme, fût-il un génie supérieur, s'il
n'en a pas une certaine pratique?

En réalité, quelle est la nation qui
chante autant que la nation française?
Aucune. Car un vieux proverbe qui n'a
jamais été contesté, c'est qu'en France
on chante comme on rit de tout. La
France est essentiellement la patrie de la
chanson comme du vaudeville. L'ouvrier
chante dans son atelier, le berger dans
sa montagne; c'est en chantant que la
mère calme les cris de son nouveau-né;
c'est en chantant que la jeune fille endort
les douleurs de son vieux père. Tout le

monde chante en France, et partout et toujours : dans les festins comme à la bataille, dans la chaumière comme au château ; seulement je l'avoue, car j'en ai souvent souffert moi-même, ces chants n'ont pas l'attrait qu'ils présentent en Italie, et qu'on souhaiterait leur trouver aussi en France. Mais je le répète, et c'en est une preuve de plus, c'est qu'en France on a l'instinct du chant, mais qu'on n'a pas les premières notions ; et ces principes élémentaires, tout simples qu'ils sont, ne se devinent et ne s'improvisent pas plus que ceux d'une autre science.

Il existe une autre erreur qui, à force d'être répétée, a fini par s'accréditer et passer pour une vérité. — « Heureux » Italiens ! entends-je redire sans cesse, » vous avez tout pour vous, l'instinct, la

» langue et la science ; mais notre pauvre
» langue française n'est pas plus musicale
» que la nation. »

Voilà encore une idée fausse, une appréciation erronée que je voudrais également déraciner. Sans doute, la langue française par sa nature n'est pas aussi sonore, aussi riche, aussi facilement harmonieuse que la langue italienne. Mais ceux qui prétendent qu'elle n'est pas musicale, n'en connaissent pas le charme et la puissance. Je serais volontiers tenté de croire qu'ils ne savent pas ou ne comprennent pas combien elle est belle, riche et poétique sous la plume d'un Racine, d'un Lamartine ou d'un Châteaubriant. Seulement il peut se faire qu'elle demande plus de talent pour la traiter, et qu'elle supporte moins la médiocrité. Si parfois les compositeurs trouvent de la difficulté à rendre certains passages stériles d'opéras comiques, la faute en est moins à la pauvreté de la langue, qu'à la médiocrité des pensées et du style. Mais quand la pensée est élevée et poétique, quand le sentiment est noble et généreux, et que l'expression est bien choisie, elle se plie autant qu'aucune autre à tous les besoins, à toutes les beautés de la musique.

Que l'on compare en effet, les meilleures partitions italiennes avec les plus beaux morceaux des opéras français, on verra si ces derniers subissent une infériorité uniquement à cause de la langue; on verra si cette langue est aussi ingrate qu'on le prétend, si elle n'est pas capable de prêter des inspirations au compositeur, ou si elle n'est propre qu'à entraver les siennes! N'est-elle pas musicale, cette langue française, dans la *Muette,* ce chef-d'œuvre qui l'est tant; dans le final, et dans ce duo sublime : *Amour sacré de la patrie,* etc.? N'est-elle pas musicale dans *Guillaume-Tell,* dans *Robert-le-Diable,* dans la *Juive* ou dans la *Favorite,* etc.? Ne l'est-elle pas dans tous ces airs aussi magnifiques de paroles que de musique :

Ange si pur que dans un songe, etc.

O mon Fernand, tous les biens de la terre, etc.

Roi des Enfers, c'est moi qui vous appelle, etc.

Rachel, quand du Seigneur la grâce tutélaire, etc.

et dans mille autres endroits qu'il serait trop long de citer?

Je ne connais, en outre, aucune langue qui se prête si naturellement qu'elle à la chanson et au couplet. La chanson semble née pour la langue, comme pour l'esprit français.

De plus, sa verve et son énergique précision ne la rendent pas moins propre aux airs patriotiques : témoin cet hymne martial qu'un jeune soldat improvisait dans un élan de courage et de patriotisme pour appeler à la frontière les enfants de la patrie, pour les enflammer à défendre le sol de leur pays contre l'invasion étrangère; ce chant guerrier dont on aurait dû respecter la noble inspiration et la réserver pour conduire à l'ennemi les bataillons sous l'étendard national; cette Marseillaise enfin souillée et profanée par tant de désordres, et dont on n'a plus fait qu'un chant d'orgie et d'émeute.

Pourquoi donc, en Italie où l'on ne chante pas plus qu'en France, chantet-on mieux ? C'est tout simplement parce qu'il y a partout des écoles de chant qui donnent aux enfants du peuple les premiers éléments de cet art, qui en développent chez eux le goût et le sentiment ; c'est que les autorités tant religieuses que temporelles, loin d'entraver cette heureuse disposition, ne cherchent au contraire qu'à la seconder ; c'est que ces gouvernements tant calomniés d'Italie, notamment le gouvernement si bienveillant de l'Autriche en Lombardie, ont compris que dans notre beau pays où les besoins matériels sont si faciles à satisfaire, c'était pour eux un devoir de s'occuper des plaisirs du pauvre, afin de moraliser ces plaisirs mêmes ; c'est qu'ils ont compris que si les privilégiés de la fortune peuvent se procurer des plaisirs coûteux ou lointains,

le pauvre, qui ne le peut pas, n'a pas moins
besoin de distractions qui lui fassent oublier un instant ses misères, et qu'il ne
recherche de plaisirs honteux que s'il
n'en trouve pas à sa portée de nobles et
de moraux. C'est pourquoi la sage politi-
que de ces gouvernements, dans l'intérêt
de leur repos, comme pour le bien-être
du peuple, a cherché à multiplier les distractions morales et les plaisirs inoffen-
sifs. Ainsi à Milan il y a de fréquentes fêtes
de toute sorte, un vaste cirque où vingt
mille spectateurs peuvent assister à des
courses, à des tournois; il y a des théâtres où l'ouvrier même va le dimanche
entendre son artiste ou son opéra favori,
d'où il rapporte de souvenir un air qui
charmera son travail de la semaine; Milan
a tous les jours à la Cathédrale les offices

en musique, Milan possède des écoles élémentaires de chant où l'enfant du peuple
va puiser le germe et le goût de cette
innocente distraction, qui remplacera plus
tard dans sa vie d'ouvrier bien des heures qu'occuperaient les agitations politi-
ques ou l'ivresse du cabaret.

Je ne saurais oublier que moi aussi
j'étais un enfant du peuple, et que sans
l'éducation musicale que je dois à la libé-
ralité du souverain, je ne serais aujour-
d'hui qu'un obscur ouvrier sans avenir.
Aussi ce fut un bien beau jour pour moi,
que celui où j'ai pu voir sur son noble
front un éclair de satisfaction et de plaisir,
quand j'ai été appelé à l'honneur de me
faire entendre devant lui. Je n'attribue
pas à mon talent, médiocre et chétif que
je suis, cette impression passagère ; mais

c'est que j'ai pu dans ce moment trouver au fond de mon cœur un accent de reconnaissance qui a pénétré jusqu'au sien.

Ah! vous fûtes bien ingrats, compatriotes égarés, qui avez semé l'esprit de haine et de révolte contre cette paternelle Autriche, qui vous gouverne et ne vous tyrannise jamais, qui voit en vous des enfants et non pas des esclaves. Ce n'est pas non plus, comme on voudrait le faire croire, le pays entier qui s'est insurgé; et tout faible et obscur que je suis, je pousserai bien haut mon cri de dénégation et de douleur, quand on voudra faire peser sur toute la Lombardie la honte des lâches de Novarre. Est-ce qu'un fleuve, quelque pures, quelque belles qu'en soient les eaux, ne recèle pas au fond de son lit une fange noire et infecte? Et quand un bras

insensé vient à agiter cette fange. tout le
cours des eaux en est troublé. Mais faut-il
en conclure que le fleuve limpide est pour
jamais changé en un torrent pestilentiel?
Viennent des jours de paix et de concorde,
et je te verrai refleurir, ô ma belle Patrie!
à l'ombre tutélaire du sceptre de ton glorieux souverain.

Ce n'est donc ni l'instinct ni la langue
qui sont un obstacle à ce que la musique
vocale devienne plus populaire en France,
je veux dire à ce qu'elle se perfectionne
sous le rapport de l'exécution; c'est uniquement parce qu'il n'y a pas assez de
ressources et de facilité pour en acquérir
les premières notions. c'est qu'on ne fait
pas assez pour développer ce goût, pourtant si prononcé. S'il y avait en France
autant de moyens et d'occasions de déve-

lopper et de satisfaire ce goût pour le chant, qu'il y en a en Italie, quelque paradoxale que puisse paraître cette idée, je ne crains pas de dire qu'en moins d'un siècle d'ici, la nation française ne passerait plus pour être moins musicale que les populations italiennes.

Mais la route à suivre pour arriver à ce but? Je vais en indiquer une aussi courte que facile, et qui en même temps conduirait à un autre résultat non moins important et non moins désirable; je veux dire à la création de la branche la plus sublime de la musique, la musique sacrée qui malheureusement n'existe pas en France. Dans ce pays, il n'est guère de ville un peu importante qui ne s'impose de généreux sacrifices pour entretenir une école, souvent même pour les arts,

comme de dessin, de peinture, d'architecture, d'arts et métiers, etc. Avec une
faible allocation de plus, partagée entre
le conseil municipal et le conseil de
Fabrique, on pourrait établir une école
de solfège qui répandrait parmi les enfants du peuple les premières notions de
musique dont ils manquent. Il faudrait,
en outre, que chaque Cathédrale pourvue
d'un orgue s'adjoignît un compositeur,
qui s'engagerait à composer, chaque année, un nombre convenu de messes et
d'autres morceaux religieux. Après avoir
été exécutées, ces compositions resteraient
inédites et la propriété exclusive de la
Cathédrale, qui à la longue se ferait ainsi
une bibliothèque musicale dans laquelle
pourraient se trouver des chefs-d'œuvre
auxquels on reviendrait plus tard. Toute

la musique religieuse ne serait exécutée
que par les seuls enfants de l'école dont
je parle, sous la direction du compositeur.
Il ne faudrait que l'aide indispensable de
quelques basses et ténors, que dans la
suite on trouverait sans peine parmi les
enfants sortis de l'école.

On n'admettrait à cette école que des
enfants d'ouvriers, entre l'âge de 9 à
12 ans, choisis d'après leur voix, leurs dispositions et leur bonne conduite. Ils sui-
vraient les leçons de l'école jusqu'à l'époque de la mue, c'est-à-dire jusque vers
l'âge de 15 ou 16 ans, plus tôt pour les
uns, plus tard pour les autres. Ces enfants
seraient répartis en deux cours qui ne
dureraient pas chacun plus de deux heures par jour.

Le premier cours serait exclusivement

consacré au solfège; après y être restés
15 ou 18 mois, selon leurs progrès, les
enfants passeraient au second cours dirigé
par le compositeur lui-même. Ce cours,
composé d'enfants à peu près sûrs du
solfège, serait plus spécialement destiné à
chanter avec des paroles, et à étudier la
musique religieuse qu'ils exécuteraient à
l'église. Il serait bon que le cours de solfège fût confié à un autre professeur, afin
d'en décharger le compositeur et de lui
laisser plus de temps pour son travail. Il
faudrait aussi que le piano fût le seul instrument admis pour les accompagnements à cette école.

Outre les messes des fêtes et les offices
entiers des grandes solennités, il faudrait
que, pour exercer les enfants et entretenir
parmi eux une utile émulation, il y eût

chaque dimanche à l'Offertoire un *motet* soit en solo. en duo, en trio, etc.

En attendant que chaque Cathédrale ait un compositeur et de la musique à elle, l'ancien répertoire est assez riche pour fournir encore pendant de longues années de magnifiques compositions. dont la plupart même ne sont pas connues en France. Aussitôt la mue déclarée. l'enfant quitterait l'école pour commencer ou pour continuer sa carrière professionnelle. Pendant les cinq ou six ans d'études élémentaires qu'il aura suivies à l'école. il aura acquis une certaine pratique du chant; et une fois dans l'atelier. il deviendra à son tour le maître et le modèle de ses camarades, dont le goût et l'oreille se perfectionneront sur son exemple. Insensiblement. à mesure que l'école répandrait de nouveaux sujets dans la population, et que celle-ci profiterait du fruit de leurs études, il se manifesterait aussi en elle un progrès notable.

Comme on en peut juger d'après ce court exposé, une école de cette nature, entretenue à peu de frais, pourrait avoir une influence et des résultats immenses. Elle contribuerait d'abord puissamment à amener une régénération musicale parmi le peuple, en même temps qu'elle tournerait son esprit et ses habitudes vers les idées et les pratiques religieuses. Le jeune homme nourri jusqu'à l'âge de seize ou dix-sept ans dans de la belle et sérieuse musique, n'éprouvera ensuite que du dégoût pour les chants obscènes et discordants des rues. Par habitude comme par goût, il préfèrera retourner à l'é-

glise entendre une belle messe, y faire
même sa partie, et retrouver ses anciennes émotions d'enfance, plutôt que de
passer son dimanche dans de grossiers
plaisirs.

Cette école serait, en second lieu, une
source féconde où se formeraient des voix
et d'où sortiraient pour l'art des sujets
éminents. Car, quoique ce ne soit pas là
son but, cependant si après la mue il se
trouvait quelque voix remarquable, le
jeune homme qui aurait déjà reçu une
éducation musicale assez étendue aurait
plus de facilité et beaucoup moins à faire
pour se perfectionner. Si dans mon pays
je n'avais pas eu le bonheur de trouver
une école semblable pour me mettre sur
la route et m'ouvrir la carrière artistique,
je ne serais pas aujourd'hui en France.

ni en état de transmettre à d'autres le fruit des leçons que j'ai reçues.

Une école en vigueur sur ces bases dans un certain nombre de villes, ouvrirait en outre la carrière de la musique religieuse à beaucoup de jeunes compositeurs qui se sentiraient plus disposés à cultiver ce genre, et qui sont forcés de se donner à la musique profane.

Enfin, pour dernier et plus précieux résultat, elle aurait celui d'introduire la musique sacrée que je regarde comme la branche incomparablement la plus belle et la plus noble de cet art. Car la divinité fut le premier objet des chants de l'homme; ce n'est qu'en détournant ce don précieux de sa source primitive, qu'on en a fait un art profane, auquel on a demandé de nouvelles jouissances.

Une chose qui m'étonne profondément,
c'est qu'en France, ce glorieux pays des
belles idées et des nobles sentiments, où
l'on comprend si bien, où l'on aime tout
ce qui peut élever l'âme et moraliser les
cœurs, la musique sacrée ne soit pas plus
connue; c'est qu'en France, où malgré les
progrès de l'indifférence et du scepticisme
le sentiment religieux reste encore inti-
mement empreint dans le cœur de la
nation, on n'ait pas compris quel puissant
auxiliaire, quelles saintes inspirations la
piété des fidèles pourrait puiser dans la
musique religieuse. Je ne donne pas ce
nom aux airs bruyants ou frivoles que
l'on transporte quelquefois du théâtre au
lieu saint; je conçois même que l'intelli-
gente sollicitude des pasteurs évite plutôt
qu'elle n'encourage ce genre de musique

plus capable de distraire que de porter au recueillement.

Mais je ne sache rien qui purifie le cœur, qui élève l'âme à Dieu dans l'oubli de la terre, comme ces sublimes *oratorio* où la pensée rêveuse croit se bercer à quelque symphonie du ciel. La parole la plus éloquente, le sermon le plus pathétique, n'éveilleront jamais dans la foule recueillie des émotions aussi profondes, d'aussi pieuses aspirations, que le feraient un chœur majestueux, une voix pure et pénétrante, qui, le soir par exemple, aux accents de l'orgue, au doux parfum des encensoirs, répandrait dans le silence et l'obscurité mystérieuse de la nef une suave mélodie. La musique profane avec tout l'appareil féérique de la scène et les somptuosités des décors, malgré toutes les ressources de l'art, de l'action et de l'orchestre, ne saurait approcher de l'effet et du charme sublime que la musique religieuse emprunte à des voix pures et enfantines, lorsque, aux moments solennels des offices sacrés, les têtes s'inclinent et que les genoux fléchissent en adoration devant le Dieu fait Homme. C'est un doux et mystérieux langage à la portée de toutes les intelligences, de toutes les conditions, et qui pour être compris ne demande ni science ni application. Tel assistera insoucieux à l'accomplissement des mystères sacrés de l'autel; tel n'aura écouté que d'une oreille inattentive ou distraite la parole de Dieu tombant de la chaire sainte, qui sentira peut-être un secret attendrissement et de douces larmes sous l'impression d'une musique bien inspirée.

Dans ces voix fraîches et argentines de jeunes enfants, l'esprit en extase croit entendre les hymnes célestes des anges. A ces accents de l'innocence, avec les nuages embaumés de l'encens qui flottent sous la voûte du sanctuaire, il semble se répandre sur la foule une douce atmosphère de parfum et de piété qui gagne insensiblement les esprits les moins religieux. Sous cette douce influence l'âme se recueille, les pensées terrestres se dissipent, les idées s'épurent et se spiritualisent.

Sans doute la dévotion solide, les âmes vraiment pieuses n'ont pas besoin de cet auxiliaire pour s'élever aux contemplations divines; mais ces âmes privilégiées sont en petit nombre : c'est aux autres qu'il faut adoucir et faciliter la route.

Pour captiver et attirer à eux les sauvages Brésiliens qu'ils ne pouvaient aborder ni atteindre, les habiles missionnaires n'avaient pas trouvé de charme plus puissant que la musique; et avant d'instruire et d'éclairer leurs âmes par la parole, ils cherchaient d'abord, par des chants, à charmer leurs oreilles, à toucher leurs cœurs. Pourquoi ne pas ajouter encore cet attrait au culte chrétien? Le premier but des pasteurs qui travaillent à augmenter le bercail de l'Eglise, devrait être avant tout d'attirer la foule au lieu saint. Que plusieurs n'y soient conduits que par la curiosité, ou par des pensées plus profanes encore, qu'importe à celui qui touche et convertit les cœurs! Il choisira peut-être pour le rappeler à lui celui qui y pense le moins. Un rien peut réveiller en l'âme, qui l'a le plus oublié, le souvenir de Dieu, du ciel, et de sa propre destinée. Il n'est pas d'âme en qui la foi soit assez éteinte pour que de sa cendre il ne puisse se rallumer quelque étincelle. Et même parmi les Juifs ou les Protestants convertis au catholicisme, si l'on cherchait à remonter à la cause première de ce retour, on la trouverait le plus souvent dans une émotion du cœur inspirée par la beauté et les magnificences du culte catholique. Une musique toujours belle et religieuse, comme je l'entends, lui ajouterait un nouvel attrait; la religion y puiserait une grande puissance de plus, ne fût-ce que celle d'embellir ainsi pour tous la prière, et de ramener plus souvent aux pieds des autels les âmes heureuses d'y trouver une douce quiétude.

L'église a bien pour ses offices le chant liturgique; mais sa gravité monotone parle moins au cœur. A part quelques hymnes réellement belles, et qui sont l'œuvre de grands compositeurs italiens, le chant catholique est peu susceptible d'impressionner les âmes refroidies par l'indifférence. C'est là un des privilèges de la musique sacrée. C'est pourquoi son absence me semble une lacune dans le culte. Je ne comprends guère plus les cérémonies chrétiennes sans le charme de la musique sacrée, que je ne comprendrais une Cathédrale sans sa nef grandiose, sans la voix mystérieuse de ses cloches et de son orgue, ou sans la flèche aérienne qui s'élance au ciel, image de la prière à laquelle elle doit convoquer les pieux croyants.

Puissent ces idées inspirées par l'intérêt de l'art et par un sentiment religieux
trouver de l'approbation et quelque sympathie parmi les lecteurs! Puissent-elles,
surtout, trouver un écho dans l'esprit des
prélats et des chefs du clergé français, si
éclairé et si intelligent appréciateur de ce
qui peut être utile à la cause qu'il repré-
sente! Mais, hélas! c'est une espérance
que j'ose peu compter de voir de si tôt
réalisée : bien des considérations ferme-
ront peut-être encore pendant de longues
années à cet art les portes du sanctuaire
ouvert à la plupart des autres. Pourquoi
la religion ne se rattacherait-elle pas la
musique, en la purifiant et en la rappe-
lant à Dieu qui en est la source, comme
elle s'est rattaché l'architecture, la peinture et la sculpture? Car, qu'on le sache

bien une dernière fois : par musique sacrée, j'entends une musique essentiellement religieuse, exclusivement exécutée
par des enfants et quelques voix d'hommes; j'entends un genre de musique qui
n'ait avec le genre profane ni rapport, ni
réminiscence; une musique qui par sa
nature soit aussi différente de la musique
profane, qu'un sermon l'est d'une haran-
gue, qu'une cathédrale l'est d'un théâtre.

Et qu'on ne dise pas que la musique ne
peut se plier à prendre ce caractère, sans
perdre ses inspirations. La musique est
une langue comme une autre, plus belle,
plus compréhensible à toutes les intelligences qu'aucune autre. Or, une langue
exprime ce qu'on lui fait dire; elle prête
ses mots, et souvent les mêmes, à la
prière comme au blasphème; toute la

différence est dans la pensée qui les lie et les rassemble. La langue musicale a encore un avantage: c'est que les signes dont elle se sert n'ont pas, comme les mots d'une langue parlée, une signification propre et déterminée dont on ne peut faire abstraction; la musique n'a de sens que celui de la pensée et du sentiment; et la pensée peut déployer ses ailes et se rapprocher de Dieu autant qu'elle le veut, n'étant pas enchaînée par les liens d'une langue terrestre.

J'insiste sur ce point, parce que c'est un des écueils de la musique religieuse, et l'objet d'une erreur assez répandue. Beaucoup de compositeurs, qui cherchent la mélodie et l'expression, créent une musique qui n'a de sacré que le nom; d'autres, en voulant éviter ce défaut et les souve-

nirs profanes, tombent dans une psalmodie monotone, dans une espèce de
plain-chant harmonique. La musique sacrée doit être belle et rester religieuse ;
j'avoue que c'est là la difficulté. Autant,
et plus qu'aucune autre, elle peut, en
gardant son caractère, prendre tous les
tons et parler toutes les passions ; elle
peut respirer la douceur ou la violence,
la mélancolie ou l'enthousiasme, les célestes espérances ou les douleurs de la terre :
pour cela, elle n'a qu'à suivre la pensée
et la sublime poésie des psaumes dont
elle doit s'inspirer. Y a-t-il dans la poésie
profane autant de passions et de sentiments opposés, et cependant peut-on dire
que ces psaumes ne sont pas religieux ?
La poésie, au contraire, n'a-t-elle pas le
ciel pour patrie ? A son exemple, la mu-

sique sacrée devrait être la plus belle, car en somme la musique profane n'a pour carrière que l'homme et la terre ; la musique sacrée a de plus le ciel et Dieu.

FIN.

TABLE DES MATIÈRES.

FIN DE LA TABLE.

PROPRIÉTÉ DE L'AUTEUR.

www.ingramcontent.com/pod-product-compliance
Lightning Source LLC
LaVergne TN
LVHW021440170726
843501LV00005B/1421